王树枏传

WANG SHU NAN ZHUAN

景元平 著

中国文史出版社

CHINA CULTURAL AND HISTORICAL PRESS

图书在版编目（ＣＩＰ）数据

王树枏传 / 景元平著 . -- 北京：中国文史出版社，
2022.10

ISBN 978-7-5205-3726-1

Ⅰ.①王… Ⅱ.①景… Ⅲ.①王树枏（1851-1936）
—传记 Ⅳ.①K827=52

中国版本图书馆CIP数据核字(2022)第176165号

责任编辑： 徐玉霞

出版发行：中国文史出版社

社　　址：北京市海淀区西八里庄路69号院　邮编：100142

电　　话：010-81136606 81136602 81136603（发行部）

传　　真：010-81136655

印　　装：廊坊市新景彩印制版有限公司

经　　销：全国新华书店

开　　本：16开

印　　张：19.75

字　　数：220千字

版　　次：2022年12月 第1版

印　　次：2022年12月 第1次印刷

定　　价：69.00元

王树枏八十五岁像（张大千 作）

王树枏像

序

柴汝新

壬寅季春，古城保定因新冠肺炎疫情而按下了"暂停键"。为做好疫情防控工作，城区封控五天。我昼夜吃住在莲池，有暇静下心来读了一些书。适逢元平先生寄来《王树枏传》书稿，我认真拜读，爱不释手。

之前元平曾嘱我写序，我未敢应允。原因有二：一是自感难胜此任。作序者一般为德高望重之人，以我的地位、名望和学识水平恐不足以胜任。二是工作较繁忙。当时会议及琐事繁多，加之正忙于编校一部书稿，恐误出版之期。元平说不急，待看过书稿后再议。

我与元平先生相识于四年前，缘于他找我搜集王树枏的资料。我俩都是政协委员，又都致力于地方历史文化研究，共同的兴趣爱好使我们走到了一起，而真正把我们联系在一起的应该是王树枏。高碑店市（原新城县）是王树枏先生的故乡，而我也曾在那里的驻军服役十余年。部队转业后我分到保定莲池书院工作。因为王树枏是莲池书院院长黄彭年的高足，其祖父王振纲也曾担任莲池书院院长多年，所以我对王振纲和王树枏祖孙多有关注，也略有研究。

　　我怀着对王树枏先生无比敬仰之情读完书稿，更加真切地了解了他的一生，感触良多。作者诚邀我作序，便不再力辞，在此谈点感想体会，与读者分享。

　　王树枏生逢清末，经历过清末民初众多历史事件，是一位在中国近代史上颇有影响的历史人物。他是晚清著名边吏，官至新疆布政使。他为官清正廉洁，兢兢业业，锐意革新，兴利除弊，在开发建设大西北，维护边疆稳定，促进经济繁荣，推进西部近代化进程等方面多有建树，留下了一串闪光的足迹。王树枏是从莲池书院走出来的一代名儒。他治学严谨，涉猎广泛，诗文俱佳，才华横溢，在清代学界和诗坛有着较大影响。他参与编纂的《清史稿》《新疆图志》等巨著，成为中国史籍和边疆史地学的经典之作，是后世治学、修史必备的文献。对于这样一位有重要影响的历史人物，此前虽有学者从不同角度、不同侧面有所研究，但缺乏一部系统的传记来全面记述王树枏的一生。元平先生做了一件拓荒性的工作，厚积薄发，遂成大作，可喜可贺！

　　读完书稿，王树枏给我留下四点深刻印象：一是勇于吃苦之创业精神。他36岁中进士，后分配到户部做主事，因不甘心做碌碌无为的京官，遂上书申请改任知县，表现出远大的理想抱负和不畏艰难困苦的人生态度。他一生有很长时间在四川、陕甘和新疆等西部地区为官，工作和生活条件异常艰苦。他务实亲民，勇于担当，迎难而上，修水利、息诉讼、重民生、兴教化……做出了非凡的成就。二是敢为人先之开拓精神。他在四川青神修复鸿化堰，在甘肃（今宁夏）中卫重修七星渠，在兰州改革征税制度，在新疆发行纸币、开办实业、创立邮局、大兴教育、创修《新疆图志》，做了许多开创性的大事、实事。正如王树枏所言："天下没有不可为之事，只怕人不敢为，而非不能为之。"三是愈挫愈奋之进取精神。他在官场两次被革职，家庭也几度遭受不幸。在四川诸县，他雷厉风行，勇于任事，却被冤告开缺；在新疆他大胆开拓，政绩卓异，却因突发事件而被革职。青年时正值壮年的父亲病逝；中年时两任妻子先后离世，多个孩子夭折；花甲之年，长子又英年早逝。面对一次次精神打击，他积极面对，表现出顽强不屈的进取精神。四是忧国忧民之爱国精神。面对百姓遭受洪灾和战乱之苦，他禁不住"潸然泪下"；面对甲午战争的失败他痛心疾首；面对俄国人的邮政"侵略"，他果断创设新疆邮政；面对日本人发动"九一八"事变，他老泪纵横……晚年归隐后，他坚辞袁世凯的任用，拒绝溥仪伪满洲国的邀请，不去日本使馆躲避飞机轰炸，体现了一位士大夫的民族气节和爱国情怀。

该书的优长有三：其一是史实性强。历史人物的传记必须忠实于历史，不宜过多进行文学渲染，更不能主观臆造。本书作者严格遵循了这一点。从作者所列参考书目可知，他是在占有大量史料的基础上进行创作的，较为真实全面地展示了王树枏的一生。其二是可读性强。该书文笔流畅，读起来令人畅快淋漓，足见作者深厚的文学功底。对于一个非专业作家来说，能写出如此上乘之作品，佩服之极。美哉，妙哉！其三是准确把握历史脉搏。该书围绕王树枏自订年谱这条主线，清楚地勾勒出王树枏一生的人生轨迹。无论是读书、讲学，还是为官、修史、著书立说，他始终心系国家安危、民族命运。通过此书，读者可触摸到王树枏积极追求国家富强、社会进步的思想脉搏，感受到他独特的人生经历和丰富的内心世界。

王树枏既是晚清官员，又是著名学者、诗人，在文坛、诗坛享有盛誉。我曾与于广杰教授一起编纂、点校《王树枏诗集》，对王树枏的诗很是喜欢。或许是本书作者有意展示王树枏在诗文方面的成就与风采，抑或是想借诗词来传递传主的内心情感，书中收录了较多诗词。王树枏的诗词中有很多典故，不易读懂，需慢慢研读方能体会，希望读者能在这些诗中感受到王树枏的喜怒哀乐和家国情怀。

该书出版后，不仅能够丰富地方文化教育史，还将进一步丰富保定莲池书院史。于作者而言，可谓做了一件好事、实事、有意义之事；于读者而言，能读到一本好的名人传记，也是一件难得的幸事。

是为序。

于保定莲池书院
二○二二年孟夏

（柴汝新　保定莲池书院博物馆馆长）

前　言

关于王树枏，有许多话想与读者分享。此处不便长篇累牍，就以三句话简而言之吧。

其一，为何要写王树枏。记得初闻王树枏之名，是刚参加工作不久的事情。当时只听说此人很有学问，其他皆无所知。后来国家号召西部大开发，一位老先生说：王树枏曾任新疆布政使，很有建树，堪称西部大开发的先驱。我开始对王树枏产生兴趣，但手头资料寥寥，更多情况无从知晓。随着年龄和阅历的增长，我对本地历史人物产生了浓厚兴趣，在近代人物中，最关注的人便是王树枏。从二○○五年起，我注意收集有关王树枏的书籍和史料。二○一五年家父患病，在侍奉父亲的三年时间，研读了大量有关王树枏的史料和诗文。不觉间，王树枏在我的脑海中渐渐鲜活起来，他的勤勉好学、博学睿智、勇于担当和精妙文笔给我留下了深刻印象。或许是因为王树枏大半生都在外地为官做事，家乡人对他的了解并不是很多。我忽然觉得自己应该为王树枏写点什么。在朋友的鼓励下，我战战兢兢地拿起笔，开始了自己的写作。

其二，王树枏是怎样一个人。王树枏出生在晚清时期的直隶新城县，幼承家学，在祖父和父辈的教导下，勤学苦读，学业有成。先后入县学，举优贡，入莲池书院，乡试中举后应邀主讲冀州信都书院，一八八六年中进士，分户部主事。因不愿做碌碌无为的京官，申请外放获准，先后在四川、甘肃、新疆等地为官，官至新疆布政使，政声甚佳。辛亥革命后回京专心学问，任清史馆总纂。数十年笔耕不辍，著述等身，人称北方大儒。王树枏虽出身耕读之家，凭借自身的智慧与勤勉，在读书、为官、做事、做学问诸方面都成绩斐然。仅就这一点而言，堪称励志。王树枏生活在清末民初的乱世，目睹国运衰落、国土沦丧、朝廷昏庸、官场腐败，深感愤懑、痛惜、遗憾与无奈。他思考过、疾呼过、努力过，但对于摇摇欲坠的大清朝而言都于事无补。在笔者看来，王树枏是那个时代千千万万知识分子的缩影。通过解读王树枏，我们可以更深入地了解清末民初的那些人、那些事。

其三，如何去写王树枏。王树枏的一生，从一八五一年出生到一九三六年去世，跨越了八十六个年头。这期间中国发生了太平天国运动、甲午战争、戊戌变法、义和团运动、八国联军入侵、辛亥革命、军阀混战、"九一八"事变等众多历史事件，可谓头绪纷繁。他有着多重身份，是学者，是名师，是官员，是幕僚，是史家，是诗人，是北方文学巨匠，是一代大儒。他的足迹踏遍京畿之地，天府之国，秦淮河畔，陕甘新疆，东北奉天，东瀛日本……这样一位经历丰富之人，如何去写？平心而论，我一度很是惶恐。思来想去，明确了三条原则：一是充分尊重史实，即老老实实记录王树枏身上发生过的事情，不编造，不臆断。二是遵循一条主线，即以王树枏自订年谱为时间线，所有故事围绕这条时间线展开。三是沿袭历史习惯，比如用农历记录日期和时间，用虚岁记录年龄，沿用有时代特征的人名与地名，原文引用文章及诗词，等等。

在写作过程中，我力求以时间为经，以人物、事件、诗文、情感为纬，编织出一个生动、鲜活、立体的王树枏。希望通过我的拙笔，带您去探寻一名近代知识分子的人生轨迹，感受一位晚清地方官员的游宦生涯，领略一代文史方志名家的笔墨春秋。

受文学水平和历史知识所限，书中定会有不少错误和遗漏，真诚希望各位读者朋友批评指正，在此先谢过大家！

景元平
二〇二二年五月

目 录

第一章 文名直隶

第一章 文名直隶

幼承家学，八岁能诗，十一岁能文，十六岁以府试第一人入学。二十岁举同治庚午优贡，光绪丙子举于乡。丙戌成进士……

——涂凤书

第一节 书香之家

皇畿南北，人杰地灵。沾濡圣化，贤俊挺生。人文之盛，炳耀日星……

这段文字出自民国《新城县志》卷八《地物篇》的开篇。

河北新城县（今高碑店市）古为燕国督亢之地，交通便利，民风淳厚。及至宋辽以后，特别是明清以来，因地处京南保北京畿之地，得文化濡沐之先，文脉延绵，人才辈出。

提起新城县，人们最先想到的或许是一条河，即曾为宋辽"澶渊之盟"界河的白沟河。事实上，后世的白沟河已变为南北走向，因其为大清河的重要支流，故而当地人多称之为大清河。

这条纵贯南北的大清河将新城县境一分为二，于是有了本地人常说的一句话："十年河东，十年河西。"

在大清河东岸，有一个较大的村庄，名为邓家庄。

清道光咸丰年间的邓家庄颇有些名气，这主要源于两件事：一是村里开办了当地最大的家塾，十里八乡的学子大都受教于此；二是家塾的创办者乃直隶名士，他就是道光十八年进士、会元公王振纲。

一个进士出身且为会元之人，为何会成为村里的教书先生呢？

这还要从十几年前的那次会试说起。

一八三八年，清道光十八年春，三十二岁的王振纲进京会试，在全国数千名应试举子中夺得第一名即会元，可谓一举成名。

同科中试者中人才济济，有日后的中兴名臣曾国藩，李鸿章的父亲李文安，广西学政状元钮福保，侍读学士榜眼金国均，广东巡抚探花江国霖等人。

王树枏祖父王振纲塑像

在随后的殿试中，王振纲未能列入一甲，多少有些遗憾。

依照清朝科举规定，殿试一甲取三名，其中第一名状元任翰林院修撰，第二名榜眼和第三名探花任翰林院编修，其他所有二甲、三甲考生还要参加一次朝考，综合三次考试名次和成绩再行安置。

在数日后的朝考时，王振纲不慎读错一字，因一字之差失去进入翰林院的机会，令他颇为懊悔。朝廷依惯例拟以"归班"任用，外放知县。

时任会试主考官大学士穆彰阿很是惋惜，建议他另考中书舍人，王振纲婉言谢绝。穆彰阿又挽留他在自己的府中教书，王振纲再次婉拒。

他以母亲年迈需要侍奉为由，辞掉官职，回到老家新城县邓家庄，躬耕养亲，刻志为学。他在村里办起了家塾，教书育人，十数年间，门人弟子遍布乡里，可谓桃李芬芳。

王振纲字重三，号竹溪，嘉庆十一年出生于直隶新城县。他为人低调谦和，谨言慎行，忍嗜欲，劳体肤，入孝出悌，为人称道。

他将顾炎武所说"耻做文人"和王懋竑所言"戒为名士"悬挂于厅堂之中，时刻提醒自己不慕虚名，不追求功名利禄，做懂得礼乐教化，遵章守典，胸怀天下道义之人。

王振纲学识渊博，不仅熟读儒家经典，而且涉猎广泛，对兵、农、礼乐、地理、河渠乃至佛道、占卜、堪舆之术均有洞究。日后，王振纲主讲新城紫泉书院多年，应曾国藩、李鸿章之请，出任保定莲池书院山长，并因协助官府治理河渠有功，保加同知衔。

王振纲与夫人田氏育有五个儿子，长子王鉴，次子王铨，三子王锡，四子王钰，五子王锷。这五个孩子均是年少时开始跟随父亲在家读书，年纪稍长便一边读书一边帮父亲做事。

日后这五子均有所成。其中王鉴，甲子科举人，任新城紫泉书院山长，选宁远州学政；王铨，乙卯科举人，任安肃凤山书院山长，选授东安县教谕；王锡，花翎补用都司；王钰，为廪贡生；王锷，乙酉科举人，任紫泉书院山长。兄弟五人联芳竞秀，声名远播，一时传为美谈，这都是多年以后的事情了。

一八五一年，清咸丰元年十一月廿五日卯时，王铨的夫人李氏诞下一个男婴。

李氏出身读书人家，是本县士人李文明之女，举人李文鼎的侄女，此前她与王铨已育有一子，即长子树枌。

此时已近腊月，一个新生命的到来令全家人甚是欢喜。

王铨请父亲王振纲为孩子赐名。王振纲看了看婴儿的双手，见右手有枡状之纹，遂为其取名为王树枡，以晋卿为字。

王振纲深谙易理，《象》曰："晋，进也，明出地上……"为王树枏取字晋卿，望其进取腾上之意显而易见。《陶庐老人随年录》云："……晋卿，取楚才晋用之意。"亦可理解为，王振纲寄望自己的孙子能够志在四方，无论走到哪里，都要成就一番功业。或许，淹通经史、学贯古今的王振纲已从多变的时局中预感到，一段乱世为期不远了。

就在年初，洪秀全在广西登基，自称太平王，开始了轰轰烈烈的太平天国运动。在之后的十几年中，一场战乱席卷大半个中国，六十余年后，大清王朝江山易主。

襁褓中的王树枏对这些自然是一无所知。或许是命运使然，从他降生的那一刻起，就与书结下了不解之缘。他听着读书之声来到这个世界，枕着书卷入眠，闻着书香成长，以诗书为伴，以笔墨为友，在茫茫书海中遨游一生。

第二节 少年笃学

一八五七年，清咸丰七年，冬。

天还没亮，七岁的王树枏就被人从睡梦中叫醒。他知道，是母亲在催自己起床，该去读书了。

他揉着惺忪的睡眼，穿好衣服，带上学习用具，刚要出门，又被母亲拦住。母亲将五枚制钱塞到他手里说："出去买个烧饼，吃完再去读书。"王树枏一边应着，快步出了门。

虽然是家塾，但管理非常严格，一般要到二更天才散学。母亲每天晚上都会等王树枏回来，然后拿一个窝窝头和一小碟咸菜，放到儿子床边，看着他吃完后再让他脱衣就寝。这样十余年如一日，习惯成自然，直到后来王树枏到外地做官，仍然保持了每晚睡前吃东西这一生活习惯。

以上情节皆为王树枏著述中所载，并非文学塑造。

王树枏的启蒙老师姓邓名彬字云亭。邓彬对自己这个学生颇为喜欢，要求也很严。

王树枏八岁学诗，九岁学做八韵诗，十岁学赋。据老师讲，王树枏自幼就表现出超出同龄人的读书天赋。

在王树枏日后的著述中，还记录了自己八岁时的一件小事。

那是一个夏夜，祖父王振纲和学生王子畴坐在院子里纳凉，王树枏站在祖父身边听长辈们闲聊。

王子畴看了看王树枏问："现在读什么书啊?"

王树枏答："《四书》已经读完。"

王子畴又问："我出上句你能否对出下句?"

王树枏回答："我每天都在学。"

"王豹绵驹,"王子畴说出了上句,然后看着王树枏。

"卧龙雏凤,"王树枏应声回答。

"虽不甚工整但也自负不凡,"王子畴评价道。

"亦将有以利吾国乎?"王子畴又出一上句。

"何其声之似我君也。"王树枏立即答道。

王子畴拍案笑道："好!"

这时有雁叫的声音掠过夜空。

王子畴又出一句："风高闻雁唳。"

王树枏随口对答："月黑见萤飞。"

此时王振纲接过话头说："这孩子将来必有一隙之明,只恐怕是生逢乱世啊!"

很显然,王振纲对王树枏日后能够有施展才华的机会还是充满信心,只是对国运和时局有些担忧,后来的事实证明,王振纲的担忧不无道理。

一八六一年春,王树枏的父亲王铨应安肃(今保定徐水区)凤山书院之请,出任书院山长。

王铨要离家到外地教书,最不放心之事就是王树枏的学业。经王振纲允准,王铨带着四弟王钰、五弟王锷以及十一岁的儿子王树枏一同前往安肃。

六年前，王铨顺利通过顺天乡试。中举后第二年，王铨进京会试，无奈名落孙山。由于他患有怔忡之疾，决意不再继续参加科考，专心教书育人。

王铨闲暇时间精研医学，颇有心得，假以时日，居然成了当地颇有名气的医生。他在行医之余，还结合诊病实践撰写了医书四卷，名曰《医药家桢》。

主讲凤山书院以后，王铨传道、授业、解惑，兢兢业业，诲人不倦。在他的教导下，门下弟子勤学苦读、品学兼修，大都学有所成。在这些学生中，当然也包括王钰、王锷和王树枏。

身为父亲和兄长的王铨，时时不忘自己的责任，对儿子王树枏以及弟弟王钰、王锷的要求颇为严格，每天谆谆教诲，时时督促检查，从未有丝毫懈怠。

王树枏每日在父亲身边随侍，聆听教诲，研读文章，废寝忘食，学识大有长进。他在后来所著《陶庐老人随年录》中写道："余之力学自此始。"

第三节　进学成婚

光阴荏苒，转眼间王树枏在安肃凤山书院勤学苦读三年有余，已长成翩翩少年。

一八六四年初，王铨辞去安肃凤山书院之职，回归故里。

王树枏也和四叔、五叔一起结束了凤山书院的学习回到家塾继续读书。

这年四月，正值县试，王树枏请求应考，父亲没有应允。禁不住儿子再三恳求，王铨答应命题考试后再做决定。他出了两文一诗的题目，并规定中午之前交卷，之后把房门锁上，叮嘱王树枏认真答卷。临近中午，王树枏将两文一诗撰写完毕并誊抄一遍呈送给父亲审阅。王铨阅后说："诗文皆可观，但若应试未必能得第一，还是不要应试为宜。"由此不难看出，王铨对王树枏读书要求之严、标准之高，非同一般。

王树枏之所以对参加县试心情如此急迫，主要有两个原因：一是经过多年勤学苦读，对自己的学识和能力有了足够自信；二是他深知，科举考试的路还很漫长，希望能早一点出发上路，早日展翅腾飞。

科举制自隋朝创立，经过一千余年的演进，到清朝已日臻完善。其程序颇为复杂而严谨：首先是县试，由知县主持进行，一般连考五场；通过县试后参加府试，由府一级的官员主持，一般连考三场；通过府试后参加院试，由朝廷委派到省的学政主持，一般连考两场，院试通过后称为生员，也叫秀才，中秀才即入学，之后每年都要进行"岁试"，以防不进则退；岁试合格者可参加乡试，即全省统一的科举考试，考中者称为举人，第一名称为解元；通过乡试之后还要参加"复试"，复试合格者才有资格到北京参加全国统一的科举考试，即会试，会试合格者称为贡士，第一名称会元，王树枏的祖父王振纲即为会元；通过会试后要到皇宫之内参加殿试，殿试成绩分为三等，第一等叫作一甲，取三人，第一名为状元，第二名为榜眼，第三名为探花；第二等叫作二甲，取若干人，赐进士出身；第三等叫作三甲，取若干人，赐同进士出身。

由于父亲不准自己参加当年的县试，王树枏只好跟随伯父在家继续读书。此时王振纲已应新城知县之聘，主讲新城紫泉书院，家塾之事由长子王鉴主持。

王树枏在家塾跟随伯父王鉴先后读完了《诗》《书》《易》《礼》《左传》《国语》《四书》，又学做骈体文，学业大有精进。

两年后，十六岁的王树枏先后参加了县试、府试、院试。县试列第六名，府试为第一名，以院试第十一名入学。入学次年，由于岁考成绩优异，补为廪膳生（公家发给伙食费的生员）。

当时，王树枏的家中人口多，经济上不宽裕，母亲操持家中事务甚是拮据，有时一年也没钱添一件新衣服。自从王树枏入学后，府、县、院每月对生员的考试，他都能得到一些奖赏，每年有二三百两之多，均交给母亲补贴家用。

王树枏自幼学诗，尤其喜欢李商隐的诗，时常有意模仿。在他的《文莫室诗集》第一卷《紫水集》中，第一首诗便是《读平淮西碑效李义山作》，对李商隐诗作之喜爱可见一斑。

父亲王铨教导他说："从难中入，还要从易中出。古人的诗各有安身立命之处，剧场歌舞摹拟古人，何尝不令人击节叫好，然而终究不是自己的东西。故学习古人，既怕学不像，又怕学得太像。比如李义山、黄山谷七言律诗学杜甫，事实上均有自己的特点，这才是善于学习他人。"这里说的李义山就是李商隐，黄山谷是黄庭坚。王铨说这番话的要义，是希望王树枏在学古人诗词的同时，逐步形成自己的风格。

身为老师，王铨善于教书育人，作为父亲，亦教子有方。从他对儿子的谆谆教诲和循循善诱中，不难体会作为父亲的一片苦心。

一八六八年正月，十八岁的王树枏成婚，妻子刘氏是雄县张家庄村人，岳父刘子和，字汝梅，时任训导之职，也是王树枏祖父王振纲的学生。

在王树枏一心只读圣贤书的这段时间，大清朝却是多事之秋。一八六〇年，英法联军逼近北京，咸丰皇帝逃往热河避难，恭亲王奕䜣留下来主持和谈，费尽周折后签订了《北京条约》。一八六一年，咸丰皇帝病逝于热河行宫，随后慈禧太后联合恭亲王奕䜣发动了"辛酉政变"，搬倒了"顾命八大臣"，同治皇帝继位，两宫皇太后垂帘听政。在之后近半个世纪的时间里，慈禧太后成了事实上掌控清王朝最高权力之人。

面对内忧外患，慈禧太后也重用了不少洋务派大臣，包括曾国藩、李鸿章、张之洞等人。此时的王树枏不会想到，这些晚清的风云人物，日后还会与自己或多或少发生一些交集。

第四节 谒曾国藩

一八六九年，清同治八年，四月。

保定莲池书院内，暖风拂面，绿柳婆娑，亭台楼榭，曲径通幽。

湖边小径行走着两个年轻人，二人不时窃窃私语，显得很是兴奋，还略有些紧张。这两人便是十九岁的王树枏和他的五叔王锷。他们要去拜谒一位十分仰慕之人，时任直隶总督曾国藩。

如此年轻的两个后生何以能见到位高权重、日理万机的曾国藩呢？这要从曾国藩就任直隶总督说起。

一八六九年正月，曾国藩正式就任直隶总督。此前，曾国藩率领湘军击败了太平天国，可以说挽大清江山于即倒，朝廷擢其为两江总督，加太子太保，封一等侯爵、世袭罔替，赏双眼花翎，补授体仁阁大学士。

这次又授武英殿大学士兼领直隶总督，在旁人看来，曾国藩可谓如日中天，但他却有如履薄冰之感。老成谋国的曾国藩虽对朝廷忠心耿耿，但历史上功高震主、兔死狗烹之事不乏先例，他又怎能不心怀忌惮？况且直隶乃京畿重地，自古多豪侠之士，与湖广、两江等地民风迥

曾国藩

然，稍有不慎就会出麻烦。

在曾国藩看来，士风对一个地方的风气而言至关重要，而要改良士风，就必须改良教育，第一要务是办好各级书院，特别是办好省城保定的莲池书院，进而带动直隶全省学风、文风、士风之变。

上任第一天，曾国藩并没有入住直隶总督署，而是住在了保定莲池书院，且一住就是十六天之久。在这十六天中，曾国藩与次子曾纪鸿、弟子吴汝纶一起遍访书院各处，了解书院历史及近况，与书院师生谈古论今，交流治学之法，还亲自上"官课"，给学生出考题，并亲自阅卷。

保定莲池书院

为革除书院的陈旧之弊，推进改化北学进程，曾国藩决定物色新的书院山长。

他认为："书院山长必以时文诗赋为主，至于一省之中必有经师人师相副者一二人，处以宾友之礼，使后进观感兴起，似亦疆吏培养人才之职。"

几经周折之后，曾国藩的进士同年，"后进仰为宗匠，乡里奉为大师"的王振纲被选为莲池书院山长。

由于王振纲当时掌教新城、易州、涿州三处书院，很难再兼顾省城保定的莲池书院，故而推辞不就。怎奈莲池书院派人再三恳请，甚至提出可每月将士子们的文章送来批阅，加之曾国藩亲自写信诚邀，王振纲不好再推辞，便卸去其他职务，前往保定出任莲池书院山长一职。

直隶总督署与莲池书院近在咫尺，曾国藩时常到书院小坐，向王振纲了解书院近况，共同探讨进一步办好书院之良策。

正是由于祖父王振纲担任莲池书院山长之故，王树枏才有了这次和五叔一起谒见曾国藩的机会。

五十九岁的曾国藩见到晚辈到来很是热情，询问备至。在了解了他们读书情况之后，曾国藩就读书、写文章的方法谈了自己多年来的心得，由于谈兴甚浓，不觉间两个小时过去了。最后曾国藩笑着对王树枏说："你祖父养亲教子，高尚其志，家庭之乐胜我百倍，真乃有福之人！"

这次会面后不久，曾国藩亲自撰写了《劝学篇示直隶士子》的文章，全篇一千四百余字，历时三日完成。

文中倡导：直隶士子应"以义理之学为先，以立志为本"，以杨继盛、赵南星、鹿善继、孙奇逢等前辈为表率，"其文经史百家，其业学问思辨，其事始于修身，终于济世"。文章提出："风气无常，随人事而变迁。""倡者启其绪，和者衍其波"，"先觉后觉，互相劝诱"，"不过数年，必有体用兼备之才，彬蔚而四出，泉涌而云兴"。

这篇文章在直隶士子中引起很大反响。王树枬反复研读此文，结合上次当面聆听曾国藩的教诲，深感获益良多。

从文献记载看，这可能是王树枬第一次也是唯一一次拜见曾国藩。不久之后，发生了"天津教案"，数十名外国修女、神父、外国侨民及中国信徒被杀，震惊中外，外国军舰也开到天津，七国公使提出抗议。因曾国藩在处理天津教案过程中引起颇多争议，朝廷将他调离直隶，再次出任两江总督，而直隶总督一职由他的学生李鸿章接任。

三年之后，六十二岁的曾国藩在两江总督任所去世。

对于曾国藩的文韬武略，王树枬甚是钦佩。在日后的著述中，他将曾国藩与美国总统华盛顿相提并论，崇敬之情溢于言表："华盛顿之用兵也，志大而心小，谋长而算深，困而不挠，败而不挫，功而不德，劳而不居，曾文正公似之。"在王树枬编纂的《清史稿·曾国藩传》中，对曾国藩有很高评价，可谓不吝溢美之词，本书后面还有详细记述。

第五节　藻泳楼下

一八七四年，清同治十三年，夏。

保定古莲花池碧叶连天，新苞初绽，生机满园。

在三面环水的藻泳楼下，两个二十多岁的青年人，各自拿着厚厚的书，在互相交谈着。

这二人都是受畿辅通志局之聘，前来编纂《畿辅通志》的青年才俊，其中一人是王树枏，另一人是桐城才子劳玉初。

莲池书院藻泳楼

二人一同住在莲花池畔的藻泳楼下，平日里读书修志，质疑问难，探讨学问，朝夕共处，很快成为挚友。

自从王树枏成为廪膳生后，读书更加勤勉，学业大有精进。一八七○年七月，王树枏以直隶第三名成绩举优贡。

在清代，贡生是指从各地府、州、县学选取优秀生员贡入京师国子监读书，已备国家选用。具体为五种形式，即拔贡、岁贡、优贡、恩贡、副贡。其中，优贡三年选拔一次，先由府、州、县学推荐廪生中的优秀者，经该省学政统一考核，择优推荐到国子监。名额有限，像直隶这样的大省一般也只有五至六名。贡生入国子监后，经朝考合格者可授予不同官职，一等任七品京官，二等任知县，三等任教职。不合格者回乡，谓之废贡。

一八七一年夏，王树枏入京城参加朝考，列三等第一名，以教职注册。事实上，此时的王树枏已经进入了官员序列，只是目标远大的他绝不想仅仅当个教谕，他的上进之路才刚刚开启。

不久之后，王树枏受聘担任《畿辅通志》分纂，开始了莲花池畔边修志边读书的书院生活。

曾国藩离任后，李鸿章继任直隶总督。

到任后，他秉承老师曾国藩的做法，注重改良士风、民风，重视办好书院，同时还在保定莲花池开办了畿辅通志局，聘请黄彭年主持修撰《畿辅通志》。

黄彭年是贵州贵筑人，出身官宦之家，父亲黄辅辰为清道光十五年进士，官至道员，为人刚毅，敢作敢为，以积劳成疾卒于任上，入清史稿名宦传。

黄彭年在性格上也颇有乃父之风。他于道光二十七年中进士，任翰林院庶吉士，散馆授编修。同治初年，入四川总督骆秉章幕府，后被陕西巡抚刘蓉聘为关中书院主讲。黄彭年在读书人中颇有名望，而且为人刚正，做事极为严谨。

《畿辅通志》属于清代官修省级地方志。在有清一朝共修有三部《畿辅通志》，第一部修于康熙年间，由直隶巡抚于成龙、格尔古德先后监修，翰林编修郭棻任总纂；第二部修于雍正年间，由直隶总督唐执玉、刘于义、李卫先后监修，田易、陈仪等修纂完成；第三部就是黄彭年担任总纂的《畿辅通志》，这部志书被后人认为是体例最完备、资料最充实、最为实用的一部。

畿辅通志局设在保定古莲花池，与莲池书院同在一地，只一墙之隔。王树枏受聘担任畿辅通志分纂的同时，与五叔王锷一起跟随黄彭年读书。黄彭年也将儿子黄国瑾送到书院，做了王振纲的学生。

一八七六年，二十六岁的王树枏以乡试第十一名中举人，取得了进京会试的资格。

其后，王树枏专程去了一趟山东，到孔庙祭拜，还到烟台等地游历一番，而后回到保定。

这年冬天，直隶总督兼北洋大臣李鸿章从天津回到省城保定，亲自对书院的学生进行了一次考试。他让每位学生以西汉桓宽所著《盐铁论》书后为题撰文，之后亲自阅卷。

王树枏也参加了这次考试。考虑到祖父是书院山长，王树枏的试卷上并未署自己的姓名，而是写上了他人之名。

当李鸿章看到王树枏的文章后，十分欣赏，急忙找来王振纲，寻问文章作者，王振纲只得据实相告。

李鸿章看着王树枏的文章感慨道："继苏长公之后很少能见到此等文笔，日后成为名儒名臣可拭目以待！"

王振纲忙对李鸿章说："大人过誉了！"

王振纲明白，李鸿章将王树枏与苏东坡相提并论，多少有些客套的成分，但对于身居高位的李鸿章而言，也不会凭空谬赞一个晚辈。显然，李鸿章对王树枏文章之欣赏应是发乎于心，对其日后成为名儒名臣也确有颇多期许。

此时的莲池书院可谓文人荟萃之地，来此读书讲学的人络绎不绝，其中不乏名人高士。

王树枏以文会友，结交了不少文坛名士，其中有桐城的吴汝纶，湘乡的曾纪鸿，无锡的薛福成，嘉兴的朱采、赵铭等人。

曾国藩之子曾纪鸿，曾门弟子吴汝纶、薛福成加上后来与王树枏交游甚密的张裕钊、黎庶昌等文坛桐城派人士，对王树枏日后的文风产生了重要影响，使其逐渐成为晚清文坛桐城派的代表人物之一。王树枏在与曾纪鸿的通信中，对张裕钊、吴汝纶二人的古文十分推崇，将其与唐代大家韩愈和柳宗元相类比："文正公倡为古文之学，得其传者，惟廉卿（张裕钊）挚甫（吴汝纶）两先生为翘然而出其类。廉卿之精悍犹唐之昌黎，挚甫之道洁则柳子厚也。"

在诸多名士之中，与王树枏交往最为密切，对其影响最大者当属桐城的吴汝纶。

吴汝纶，字挚甫，幼时家境贫寒，但他刻苦好学，得一颗鸡蛋也要拿到集市上换成松油，供夜间读书照明之用。他博览诸子百家之书，笃好文学，其文章宗法桐城派，是桐城派重要传人。

吴汝纶与张裕钊一起深得老师曾国藩器重。曾国藩曾说："吾门人可期有成者，惟张、吴两生（《清史稿·张裕钊传》）。"吴汝纶曾担任曾国藩、李鸿章的幕僚多年，曾、李的很多奏议都出自他的手笔。

吴汝纶于同治四年中进士，授内阁中书。后历任深州、冀州知州，主讲保定莲池书院多年，对直隶一带文化教育贡献甚巨。

吴汝纶与王树枏可谓亦师亦友，在王树枏日后的人生道路上，吴汝纶发挥了重要影响，本书后面还有提及。

第六节 家中不幸

一八七七年，清光绪三年，王树枏二十七岁。

这是王树枏不愿记起而又终生难以忘怀的一年。在他的人生旅程中，最重要的两位亲人相继离世，无法再陪伴他前行了。

前文讲过，王树枏的父亲患有怔忡之疾，身体一直不太好。这年正月病症加重，王树枏急忙从保定赶回老家，多方延请名医为父亲诊治。

由于王铨是时疾引发旧症，很难治愈，服药十多天仍不见效，于正月二十九日去世，享年四十七岁。

王树枏与父亲有很深的感情，是父亲的言传身教让自己懂得了人生道理，是父亲的谆谆教诲和严格要求使自己学有所成，是父亲的优良品德和人格魅力始终激励自己不断进取、砥砺前行。在《陶庐老人随年录》中，王树枏写道：

《新城县志》载，先大夫性孝友，母病，祷天誓身代，断酒肉三年。兄弟五人怡怡终其身。治诗究心训诂，尝论南风、雅、颂皆古乐也。诗之以雅以南，左传季札之所谓象箾、南、籥，南即周南、召南，与风迥别。素精于医，著有《医药家秪》。主讲安肃凤山书院，门弟子多成名。

对于王树枏的祖父王振纲来说，年过七旬老年丧子，白发人送黑发人，身心受到的打击可想而知。这年十月初八日，王振纲病逝于保定莲池书院，享年七十一岁。

王振纲去世后，归葬老家新城县邓家庄。好友黄彭年也亲往吊唁，并记录了所见所闻。

在络绎不绝的吊唁人群中，有亲友，有门人，有乡邻，还有不少从附近村镇自发赶来的致哀者。由于奔丧致哀人数太多，本村住不下，有一千余人住到了周边村子，足见王振纲的名望与影响。

黄彭年在《王重三先生墓表》中，高度评价了王振纲的一生：

重三王先生卒于莲池讲舍，返葬于新城，彭年会葬，道相逢皆往会者也。至其乡，亲戚门人咸制衰麻，远近男妇哀号奔赴，所居村舍为满，假旁村以居者千余人。汉之郭有道、陈仲弓不是过焉。呜呼！是可观先生之德矣。先生举进士，彭年犹童子，大人举先生名诏之曰："是进士第一人不仕以养其亲者，小子识之。"比来莲池，先生方主讲书院，居相邻，易子而教习之。既久乃得观其性情，学术之深且大。先生里居数十年不谒选，人以为无意世事，孰知其究心天下利病，凡兵农、礼乐、河渠、地理之属靡不考其源流，察其得失。……先生制举文为士林诵习，得其绪余，莫不掇巍科、登脽仕。孰知其教士，以躬行为本，尝揭顾亭林"耻作文人"、王白田"戒为名士"二语于壁，穷经考古……

在王树枏心中，王振纲不仅仅是自己的祖父，他还是自己的偶像，自己的人生导师。在二十七年的人生旅程中，自己走的每一步都有祖父的指引和帮扶。

王振纲中进士不入官场，把毕生精力都放在了做学问和教书育人上，不仅在当时少见，在历史上也鲜有。在后来徐世昌主持、王树枏总纂的《畿辅先哲传》中，对王振纲的生平有这样的记述：

养亲不仕，学以程朱为主，博通群籍，治礼尤深，兼通堪舆之术，著有《礼记通义》《儒先粹语》诸书，历主讲易州、涿州、新城书院，曾文正公督直，聘为畿辅莲池书院山长，门弟子至数千人，人方之郭林宗、陈实云。

这段文字虽短，但对王振纲的一生有极高的评价。最后寥寥不足十个字，将王振纲比做东汉时期讲学不仕的大儒郭林宗和大贤陈实公，足以表明作者对王振纲的崇敬之情。

王树枏的祖父王振纲和父亲王铨，日后均因王树枏的官职晋封为光禄大夫，祖母和母亲也分别晋封为一品夫人。

一年之中接连失去两位亲人,悲痛之余王树枏倍感身心疲惫,自愧为人子不知医，为大不孝，向老师黄彭年请求为父亲、祖父回家守制。黄彭年对他说："你还不是官员，不必按官员的礼制居家守制，况且志局又正是用人之际，你百日后便回志局。"

祖父过世百日后，王树枏遵师命前往保定莲池，继续读书修志。

从老家新城县往返保定，每次都要经过容城县，这里是明代著名谏臣杨继盛的故乡。

杨继盛是明嘉靖二十六年进士，曾任刑部、兵部员外郎，因弹劾仇鸾、严嵩两次入狱，受酷刑，于嘉靖三十四年遇害，年仅四十岁。后明穆宗为杨继盛平反，称他为大明第一谏臣，追赠太常少卿，谥号"忠愍"。

王树枬从小就在祖父和父亲口中无数次听到过杨继盛的忠勇壮举。

再次途经杨继盛故里，王树枬仿佛又一次听到了祖父和父亲的谆谆教诲，感慨万端。他下了马，登上容城故城，伫立在寒风中，看着眼前的残墙断碑，联想自己未卜之前程，赋诗一首：

昔日登临地，苍茫百感生。
遗文留断碣，旧迹杳荒城。
山日寒人影，天风落雁声。
不堪重怅望，立马问前程。

第七节 研经著述

一八七九年，清光绪五年，盛夏，古城保定。

朝霞如血，骄阳似火，柳枝低垂，水波不兴，空气中弥漫着炽热而潮湿的气息，让人感觉如入蒸笼一般。

不觉间，乌云奔涌，狂风大作，雷电当空，疾雨如注。待到风停雨歇，云隙间金光万道，空气清新舒爽，暑热顿消。

莲池书院中的王树枏望着这蔚为壮观的天象，诗兴大发，即兴做歌行体诗一首，名曰《莲池苦热大风雨忽作》：

> 火云射血扶桑东，万株死立僵无风。
>
> 蕴隆作气热不止，喘喙出穴如蒸虫。
>
> 龙车倏忽势大作，力挽银河九天落。
>
> 驶若万骑趋长营，猛若奔涛走大壑。
>
> 电光过瞬雷当胸，疾点粗风苦击搏。
>
> 窗渗屋漏高建瓴，呼儿举缶须臾盈。
>
> 老孙解衣据地坐，呼呶叫啸声如蝇。
>
> 海神昼跨东溟鲸，金鳞倒射光万层。
>
> 过我庭榻流涎腥，举杯焚香呼帝精，
>
> 长禾大穗盈郊垧。

王振纲去世后，李鸿章聘请黄彭年兼任保定莲池书院山长。事实上，这已经是他第二次出任莲池书院山长了。

早在咸丰九年即一八五九年，黄彭年就曾主讲保定莲池书院。三年多后，黄彭年被时任四川总督骆秉璋延入幕府，只得辞去莲池书院山长，并推荐曾任刑部员外郎、咸丰皇帝懋勤殿行走的何秋涛继任此职。

此次再度主讲莲池书院，黄彭年做了大量开拓性的事情。一是扩建校舍。经李鸿章批准将万卷楼划归莲池书院，经布政使批准，新建和翻修讲舍二十四间。二是增置图书三万余卷。三是在书院创立学古堂，专门教授士子古学。受此影响，王树枏的古学造诣也日渐深厚。

王树枏平素喜欢考订之学，在志局和书院结识了不少志同道合的朋友，如袁昶、方恮、崔乃犨、蒋曰豫、丁绍基等人，个个博学多才，诗书画也多有造诣。与这些博雅之人朝夕共处，质疑问难，交流互鉴，使王树枏获益良多。

袁昶是浙江桐庐人，张之洞的门生。他为官以直谏闻名，日后因反对用义和团排外而力谏，被朝廷处死，是著名的"庚子五大臣"之一，平反后谥号"忠节"。

崔乃犨是江苏宜兴人，学识渊博，在治水方面颇有见地，对治理海河有深入研究和论述，撰有《治河说》四十篇。

丁绍基是江苏武进人，居莲池书院多年，助黄彭年纂修《畿辅通志》。他善收藏考证，书法造诣深厚，是清末著名书法家，著有《求是斋碑跋》四卷等书。

蒋曰豫是江苏阳湖人，善诗文、懂音律、熟读经史，官至直隶州知州。有《滂喜斋学录》《问奇室诗文集》等著述存世。

方恮也是江苏阳湖人，才学出众，深得黄彭年器重，聘其修纂《畿辅通志》。在志局的三年间，王树枏与方恮志趣相投，惺惺相惜，建立了深厚的感情。在王树枏《陶庐笺牍》中，收录了他回复方恮的书信。王树枏在信中围绕《尔雅》以大量笔墨谈了自己的思考和体会，考据缜密，文笔凝练。从信的内容和语气可以看出，平日里二人之间的学术探讨很是频繁。

光绪四年，方恮病逝于莲池书院，王树枏每每忆起，都会黯然神伤，诗中写道：

> 昔日研经士，相观复几人。
> 青年感星鬓，佳士痛秋尘。
> 明月虚堂影，浮云独客身。
> 数年生死别，一忆一伤神。

在与师友的频繁交流中，王树枏的眼界也逐渐放宽，时常关注朝廷乃至国际上的事情。当得知"日本灭我琉球夷为冲绳县，虏其王及世子而去"的消息时，王树枏意识到，凭大清国的国力、军力，已无力保护属国了，心中多有忧虑。

在修纂《畿辅通志》的同时，王树枏还参与了《畿辅丛书》的编纂刻印工作。

《畿辅丛书》由王灏主编，汇集直隶乡邦文献，将先秦至清朝两千余年的名贤遗著刊为丛书。王灏，字文泉，直隶定州人，与王树枏交游甚密。在王树枏《陶庐笺牍》一书中，收录了多

王树枏著《校正孔氏大戴礼补注》

封写给王文泉的信函，信的内容均为对历史文献的探讨以及对历史人物及事件的考证，几乎每封信都是旁征博引，长篇大论。

王树枏潜心著述，收获颇丰，先后完成了多部书稿。其中《校正孔氏大戴礼补注》十三卷由王灏刊入《畿辅丛书》；《畿辅方言》二卷被黄彭年列入《畿辅通志》门类；《中庸郑朱异同说》由黄彭年代为刊行；另有《尔雅郭注异同考》《建炎前议》《墨子三家校注补正》等多部书稿问世。

桐城派传人文坛名家方宗诚对王树枏的书稿给予了高度评价，他认为王树枏的《建炎前议》与唐代著名史学家刘知几所撰《史通》相类似，价值很高。

第八节 会试不第

一八八〇年，清光绪六年，晚秋时节。

保定莲池书院内，凉风抚杨柳，池水摇残荷，几只惊鸟飞来飞去，改换着枝头。

形容憔悴的王树枏独自坐在湖边石头上，眉宇间流露出惆怅落寞之状。春天进京会试不第，令他失望。近日身体不适，更让他有些精神倦怠。对于此时王树枏的心境，读者可在他的《纳凉三首》诗中找寻一二。

> 树中亭榭水中楼，水色澄清树色幽。
> 一阵凉飔度云去，乱惊鸟梦落枝头。

> 百里飘零独客身，强支病骨暗酸呻。
> 饥蛛当户自囚食，怪鼠上阶来戏人。

> 久立中庭露气凉，偶寻诗句润枯肠。
> 空林黯黯月将堕，蝙蝠如盘飞过墙。

为了让王树枏尽快恢复身心，老师黄彭年特准许他回老家新城县休养数日。

王树枏刚刚离开保定，一位封疆大吏来到莲池书院，找到山长黄彭年，要求面见王树枏。来人是曾国藩的九弟，时任山西巡抚曾国荃。

这一年，中俄、中日关系日趋紧张，战争阴云笼罩，边防吃紧，曾国荃奉旨前往山海关驻防。此次路经保定，特地到莲池书院去见黄彭年，只为一事，欲聘请王树枏入其幕府，一同前往山海关。

由于王树枏刚刚回新城县老家，没在保定，老师黄彭年便代为婉言谢绝。曾国荃不为所动，坚持要等王树枏回到保定面谈。

黄彭年无奈，只好实话实说："不瞒大人，我志局一日也不可少此人，虽面商我也绝不放手。"曾国荃闻言，微露不悦之色，仍希望黄彭年答应自己的请求。

黄彭年知道曾国荃乃一强人，若不能遂他所愿，恐不会就此罢休，便将王树枏的好友、桐城才子劳玉初推荐给曾国荃。曾国荃也不想强人所难，随即答应，偕同劳玉初前往山海关履职去了。

后来，劳玉初曾在多个县任知县，政声颇佳，官至提学使，晚年曾上书袁世凯争共和政体，几罹大祸，后居青岛讲学、著述，直至去世。

王树枏回到保定后，继续跟随老师黄彭年读书修志。

这段时间，他与书院和志局的诸多饱学之士交流学问，讨论时事，学识有了长进，眼界也得以进一步放宽。在关心国家大事的同时，他也开始关注一些国际事务。在与薛福成等人的讨论中，王树枏认为，日本人变法注重实效，而中国的所谓变法革新务虚名而不实。他提出，日本人对中国虎视眈眈，中日之间迟早会有一战。虽有如此理性分析，但在情感上他却期盼大清朝廷能够务实革新，强国富民，并希望中日两国能够良好互动，避免战争悲剧的发生。

在保定期间，王树枏开始与外国友人有所交往。在他的诗中，首次提到了与日本僧人的往来：

> 三岛郁苍苍，游人出故乡。
> 烟霞扶断杖，风雨度飞樯。
> 渤澥秋涛碧，金台晓月黄。
> 此中有高士，相对话沧桑。

> 我有一杯酒，怜君天外游。
> 壮怀悲落日，世事感浮沤。
> 水月禅心冷，幽并朔气遒。
> 雄情抛未得，且与说瀛洲。

> 海国纷纷际，偷闲叙旧闻。
> 汉唐征故事，斯邈溯同文。
> 唇齿千年固，关山一线分。
> 烦君语诸老，并力障游氛。

从上面三首诗中，王树枏流露出朴素的中日友好思想。日后，随着与更多日本人接触，特别是一九二六年作为东方文化委员会成员到日本访问，王树枏对日本有了更加深刻的认识，本书后面还有进一步记述。

第九节 主讲冀州

一八八二年，清光绪八年，初春。

冀州千顷洼（今衡水湖），冰消雪融，波光粼粼，候鸟在湖面嬉戏，岸柳吐出嫩嫩的鹅黄。

不远处的信都书院也应了这春天的时令，现出勃勃生机。院中春草吐绿，室内书声琅琅，修缮校舍的工匠们敲砖挂瓦，忙碌不停。

冀州知州吴汝纶在书院里踱着步，他已记不清这是第几次来这里了。

就任冀州知州后，吴汝纶在书院的时间比在衙署还要多。数月来，他为书院筹措银两，整修校舍，广置书籍，延揽名师，有时也亲自授课。久而久之，院内师生便不以知州大人相称，而多称之为先生。

吴汝纶

前不久，吴汝纶给保定莲池书院山长黄彭年写了一封信，提出欲聘请王树枏来冀州信都书院担任山长一职。吴汝纶之所以看好王树枏，主要是基于对王树枏沿袭汉学敦朴求实、经世致用之学风的肯定，希望他能引领冀州一代的学风、士风之变。当然，对于王树枏的才华，吴汝纶也是十分欣赏，在《答王晋卿书》中，吴汝纶有言："虽乾嘉诸老儒见之，皆当畏服。"

王树枏是黄彭年的得意门生和得力爱将，倚为左右手，当初曾国荃想聘其做幕僚，被黄彭年拒绝，此时又怎肯答应吴汝纶的请求呢？

见信后，黄彭年甚是不悦，不仅不肯答应，而且回信多有讥讽之言。

吴汝纶求贤心切，再次致信黄彭年，态度诚恳，言辞和婉，甚至用"子夏设教河西，正以广传师道"的话来劝说，将黄彭年与王树枏比喻为孔子和学生子夏，可黄彭年仍不为所动。

无奈之下，吴汝纶给李鸿章写了一封辞职信，信的大意是：本人做官一无所长，唯整顿学校为国家培养人才还能做出些成绩，可如今连一个书院院长都不能如愿请到，还如何能够忝居此位，干脆辞职罢了！

此时恰逢李鸿章的母亲去世不久，便请署理总督事务的张树声代为调解。商定的办法是：王树枏每月在保定和冀州各住半个月。自此以后，黄吴二人便心生芥蒂，少有往来了。

不久之后，黄彭年擢升湖北襄阳道道员，王树枏与志局和书院同人、同学为老师饯行，并送至瓦桥关，依依惜别。分别之时，黄彭年特作《将之荆襄，别莲池，晋卿、月舫诸君送至瓦桥关，憩游终日，赋诗而别》，诗中有"我恋莲花未忍去，脉脉如闻花自语。人去人留花自芳，花开花落人何与。"的诗句，对保定古莲花池深深的眷恋之情跃然纸上。

送走业师黄彭年后，王树枏便前往冀州，正式就任信都书院山长。

此时的冀州为直隶州，州治信都，外领南宫、新河、枣强、武邑、衡水五县。早在明万历四年，知州赵杲创办冀州信都书院，至清光绪年间已历经三百余年，是一所历史悠久的著名书院。

王树枏到任后，购置书籍数千卷，遴选各县高才生入院读书，对成绩优异者由官府发给膏火费，此做法类似于后世的奖学金制度，旨在鼓励学生勤学上进。王树枏听从吴汝纶的建议，讲求经史有用之学，注重学以致用，同时教授学生时文试帖。

冀州信都书院旧址（李保生摄）

经过吴汝纶、王树枏等人的不懈努力，信都书院蓬勃发展，桃李芬芳。冀州一带文风也随之改变，经术文采盛极一时，连年科考登甲、乙榜者数十人。正如尚秉和文中所言："风声所播，士习丕变，由是冀州文学之盛，甲于畿南"，先后从冀州信都书院走出了赵衡、李刚几、刘登瀛、吴镋等一大批优秀人才。

在冀州期间，王树枏与吴汝纶过从甚密，时常谈经论史，诗文唱和。在王树枏的《文莫室诗集》之《信都集》中，有《寄吴挚甫次昌黎会合联句韵》《客冀州滹沱水溢挚甫为买舟旋北诗以谢之》《夜卧不寐有蝎入帐中火而取之因成百四十字以示诸生并简挚甫》等多首写给吴汝纶的诗作，特别是王树枏所作《挚甫学导引之术诗以讽之》，调侃之言更是体现了二人的亲密关系：

> 君家蠹鱼长尺半，嚼茹死语穿坟邱。
> 偶经一食神仙字，便拟千年汗漫游。
> 吾闻形神重槁灭，子乃肝肾勤毗刘。
> 身心仇敌不知省，毋亦荆齐风马牛。

在吴汝纶的文集中也有《和王晋卿杂感无韵三首》《晋卿用韩孟会合联句韵见寄依韵奉酬》《晋卿垂示新诗依韵奉酬》《次韵王晋卿蝎》等多篇写给王树枏的诗作。

正是在和古文大家吴汝纶的不断交流学习过程中，王树枏受桐城派文风影响，逐渐摒弃骈体文，专攻古文。王树枏虽接受桐城派的古文义法，但不为所拘，自成风格。他在与学生讨论古文时说："文须从难中入，易中出，生中入，熟中出；从有法入，无法出；无法之法乃神于法者也。"由这几句评论，不难体会王树枏对古文写作的深刻理解和独到见解。

这段时间，王树枏还研究了《夏小正》等古籍，写成了《夏小正订经》一卷、《夏小正订传》四卷。《夏小正》是中国现存最早的传统农事历书，由经和传两部分组成，全文共四百多字，内容涵盖天文、历法、星象、物候、农事、政事等诸多方面，是研究先秦时期社会发展、农业生产、天文历法及物候状况的重要史料。书中文辞非常简短，古奥难懂，甚至有人将其与甲骨文相比。王树枏对《夏小正》经和传的考订，也是为了后人能够学以致用。

第十节　莲池之邀

一八八三年，清光绪九年，三月。

黎明时分的天津海河码头，一支船队正准备起航。

船队的最前面是一艘小炮舰，之后是帕特号汽轮，后面跟着数艘船只。汽轮上的李鸿章与送行的官员拱手告别，正式开启了回乡葬母的行程。

去年，李鸿章的母亲病逝，他先后三次上书朝廷，请求回安徽老家为母服丧。直至一年后，朝廷才批准他回乡两月，为母亲下葬、守孝。

临行前，李鸿章将诸多公务安排妥当，又对布政使崧骏嘱咐道："我走后，要尽速选聘莲池书院山长，不可耽搁。"崧骏问："大人是否有中意之人？"李鸿章言道："可请王晋卿。"

黄彭年走后，莲池书院山长一直空缺。在李鸿章看来，王树枏适任此职的理由有三：其一，王树枏学识渊博，才学出众，诗文俱佳，且年轻有为；其二，王树枏是王振纲之孙，又是黄彭年的得意门生，当能继承两位前辈的教学思想；其三，王树枏主讲冀州信都书院以来口碑甚佳，成绩有目共睹，定能不负重托。

崧骏遵李鸿章之意，致信王树枏，请他速来保定主讲莲池书院。

王树枏见信后颇感为难，一者自己到冀州仅一年多时间，书院诸多方面刚有起色，此时离开恐半途而废，殊为可惜；二者知州吴汝纶视书院犹如自己的孩子，此时断不会放自己离开冀州；三者莲池书院的学子多为祖父王振纲的学生，自己此时担任院长也多有不妥。

于是，王树枏给布政使崧骏写了回信，信中大意是：先祖父担任莲池书院院长多年，如今距他离开此职也不过四五年时间，好多学子都算是我的长辈，我以年少后生忝居师位，不仅心有不安，而且也未必能孚众望。

不料崧骏又复信说："只论学问，不在年之老少。"

王树枏没有办法，只得找来吴汝纶商量对策。吴汝纶认为，于今之计，只有找到足以胜任此职的替代人选，方能两全其美。

两人取来纸笔，分别写了一个名字，互相看后禁不住哑然失笑，两张纸上都是三个字：张裕钊。

王树枏与吴汝纶联名写信举荐张裕钊主讲保定莲池书院，李鸿章欣然接受，正式聘请张裕钊出任此职。

张裕钊，字廉卿，湖北武昌人，中举后考授内阁中书，后入曾国藩幕府，是文坛桐城派代表人物，尤擅长书法，创造了影响晚清书坛百年之久的"张体"，被康有为誉为"千年以来无与比"的清代书法家。

张裕钊

张裕钊和王树枏亦师亦友，诗文唱和颇多，在《文莫室诗集》之《信都集》中，王树枏有《赠张廉卿》诗：

吾爱张夫子，文章海内师。
闻韶久忘味，载酒屡惊奇。
欲结秋兰佩，初终无闲之。
芳菲不可抱，出入想云旗。

张裕钊也有《步王晋卿见赠原韵》诗云：

我属闻君语，当仁不让师。
嗜痂偏有癖，送褒更多奇。
鹏鹍诚悬矣，云龙忽媾之。
衰羸惭角逐，几欲去其旗。

不难看出，张裕钊对王树枏也是颇为欣赏的。

张裕钊就任莲池书院后，倡导兴学育才的教育主张，推崇通经致用的学术观点，注重学习西方的科学知识，还招收了宫岛大八等日本留学生，进一步扩大了莲池书院的影响，培养造就了一大批优秀人才。

转眼间到了年底，王树枏的结发妻子刘氏不幸去世，年仅三十二岁。

王树枏与刘夫人结婚十五年，生下二男三女，其中，除长子政敷和三女秀外，其他三个孩子都在四五岁之前夭折了，这对刘夫人的身心造成很大伤害，以致患病不愈，过早离世。

夫人的病逝令王树枏很是悲伤，作诗数首，寄托哀思。在《汉家》一诗中，借汉武帝宠妃李夫人之死，缅怀发妻：

> 汉家有方术，能致李夫人。
> 环珮随风落，愁予不可亲。
> 空梁余落月，故榻掩芳尘。
> 生死长相忆，于何遣病身。

第十一节 忧国忧民

一八八四年，清光绪十年，正月。

虽然立春已过，但北方春天的脚步甚是迟缓，扑面而来的北风让人感到阵阵寒意。

曾几何时，在直隶新城县城北二十里的樊馆（今高碑店市方官）村，村民掘出一块古碑，碑文是：太子丹馆樊将军处。

这日，走亲访友的王树枏途经此地，下马抚碑，驻足良久后才默默离去。

熟读史书的王树枏当然知道，此碑的主人是战国时期秦国将军樊於期。

当年樊於期战败后降赵，后避难至燕国，受太子丹厚待。为了助荆轲行刺秦王，樊於期献出自己的头颅，另有壮士田光为保守秘密也自杀身亡，成就了荆轲刺秦王的慷慨壮举。

骑在马上的王树枏，睹物怀古，慨然赋诗一首：

> 将军之头勇士股，田生血射燕云古。
>
> 鱼棺赤臭犹避人，何况秦庭履生虎。
>
> 敲碑下马招古魂，一掬督亢老焦土。
>
> 论人成败吾所嗔，匹夫驰驱能许君。

达官累累斗大印，压臂不敢轻磨磷。

吁嗟乎!

慷慨悲歌吾已矣，眼中谁是当年人?

王树枏此时如此感慨，并非只是怀古，更多是有感于数月前爆发的中法战争而借古讽今。

在王树枏《文莫室诗集》中，有多首诗都是有感于中法战争而作，从以下两首诗中，我们不难体会诗人对中法战争将帅无能，朝廷急于求和之策的忧虑:

东南戈舰峙如云，竞绝天骄拟策勋。

奔鹿有怀功不足，童麋灰首痛何云。

郑人有意诛高克，萨水无端恕宇文。

买斗黄金争一掷，可能只手障游氛。

闻上和戎第一筹，忍看战血逐东流。

老成画策能纾国，年少横戈枉觅侯。

酒后清狂时触世，客中风雨独登楼。

平原极目萧条甚，好做浮云任去留。

冬去春来，流经直隶中南部的滹沱河仿佛忽然从沉睡中醒来，恢复了它桀骜不驯的性子。湍急的河水挟带着大量泥沙汹涌而下，沿岸数县河水泛滥，溃堤淹田。

滹沱河素以泥沙多、善改道著称。因此，它不仅冲积出了广阔的平原沃壤，哺育了沿岸众多百姓，同时也给直隶中南部民众带来了深重灾难。

王树枏在前往冀州的途中，目睹受灾百姓流离失所、愁苦漂泊之状，禁不住潸然泪下，赋诗以记之：

> 滹沱春泛带荒城，桥卒攫钱放客行。
> 古刹埋沙平佛顶，断水敲日壮河声。
> 眼中老稚凄凉甚，意外悲愁错落生。
> 为问天南近消息，穷途一哭泪纵横。

先天下之忧而忧。虽为一介书生，但自幼深受传统儒家思想浸润，让王树枏时时不忘以为国分忧、为民解难为己任。

滹沱河畔的无极县，是往返冀州必经之地。王树枏每次路过，都会想起一个人，他就是晋朝名士刘琨。

祖籍无极县的刘琨善诗文、懂音律，还和好友祖逖一起为后人留下了"枕戈待旦"与"闻鸡起舞"的典故。作为晋朝重臣，刘琨在平息叛乱、抵御外敌、安抚流民、发展生产等诸多方面做出很大功绩。特别是担任并州刺史期间，主政晋阳，练兵御敌，注重农耕，体恤百姓，深受拥戴。

身为读书人，王树枏仰慕刘琨的才华，也期待自己有朝一日能像他那样有所作为。念及此，他感而赋诗曰：

> 连日苦车马，长途易夕阳。
> 人行沙岸阔，鸟入暮天苍。

涨水侵官路，奔云下太行。

前村投宿处，传说是刘郎。

夕阳下，王树枏乘坐的马车，碾过泥泞的官路，缓缓远去。

第十二节　自医顽疴

一八八五年，清光绪十一年，秋。

入夜的冀州，月朗星稀，凉风阵阵。

信都书院内听不到抑扬顿挫的读书声，只有树叶哗哗作响和蟋蟀在草丛中的低吟浅唱。

在书院一隅，一间北房亮着烛光。王树枏斜靠在卧榻上，额头渗出大颗汗珠。他端起碗，将汤药一饮而尽。

入秋以来，王树枏已患病一月有余，虽请了不少冀州名医前来诊治，但收效甚微。

医生诊断，他患的是肠痈。现代医学一般认为，旧时所谓"肠痈"就是阑尾炎，在当时没有西医也没有抗生素的情况下，该病治疗起来颇为棘手。

这年八月，恰逢三年一次的乡试，书院学生大都前往省城应试，王树枏身边只有长子政敷及学生王景逴端汤喂药，昼夜陪侍。

此时的王树枏已娶了第二任妻子杨氏。杨夫人比王树枏小三岁，清河县人，父亲杨琴舫任乐陵县知县。闻听王树枏患病，杨夫人的娘家从清河县请来医生为他医治，也未能奏效。

冀州的同人好友纷纷前来探望，还有不少人推荐药方。病中的王树枏亦不失乐观本色，以诗谢之。

在王树柟《文莫室诗集》之《信都集》中，有一首诗名为《张明府惠药袁学博惠瓜并谢以诗》，诗中不乏乐观幽默之语：

> 王生病臞饭不努，夜则愒寒昼愒暑。
>
> 东邻老星善叽咀，六十八春娇如女。
>
> 咄哉袁君亦健古，大啖立尽一尺脯。
>
> 二公怜我过我语，手汁天精畀匡补。
>
> 此药千年敤以杵，松桂芝枏杂糜煮。
>
> 此瓜沧洌旨不腐，碧玉裂肤雪凝乳。
>
> 拜首而受额稽土，一一饫之潢襟腑，
>
> 从此阴阳弗癫汝。

定州人王灏，素与王树柟交好，曾一起编纂《畿辅丛书》。此人爱书如命，曾倾其家财用于收藏编纂书籍，传为美谈。

王灏得知王树柟患病，一方面为他久病不愈焦急，四处寻方问药；另一方面担心万一王树柟病逝书稿遗失，遂派人前来索取书稿，可见他当时着实病得不轻。

虽生性乐观，但久治不愈也让王树柟甚是心急，总得想办法尽快康复才是。

王树柟自幼读过不少医书，父亲又曾经是当地名医，何不自己医治？念及此，他查阅医书，自拟了一个药方，派人将药抓来，煎后服下。

奇迹发生了，他的病居然好了。让我们看看他记载的药方和治疗经过吧：

用神仙活命饮加金银花半斤、蒲公英半斤、连翘四钱、当归八钱，乳香、没药、去油各三钱，厚朴、枳壳各二钱，生军一两，甘草一钱，煎一大碗，频频服之，夜间大泄二次，色如烂鱼肠，至五更脓血自脐中涌出，衣被皆污湿，自此遂愈。

看到王树枏康复，朋友戏言："如若当初晋卿专研医术，成为一代名医也未可知！"王树枏听后哈哈大笑。

没过多久，消息传来，五叔王锷乡试中举。

王树枏很高兴，明春可以和五叔一起进京会试了。如今自己大病初愈，应抓紧备考，希望此次春闱能够事随人愿，心想事成。

第十三节 金榜题名

一八八六年，清光绪十二年，四月十六日。

北京城，花红柳绿，暖意袭人。

紫禁城内，朱墙金顶雄浑壮美，石阶玉桥庄严肃穆，雕梁斗拱巧夺天工。正所谓"未睹皇居壮，安知天子尊"。

王树枏跟随在长长的贡士队伍中，缓步前行，内心泛起阵阵波澜。

常言道：十年寒窗苦，金榜题名时。何止十年？王树枏自幼读书，七岁入家塾，十六岁中秀才，二十六岁中举人，三次进京会试，如今三十六岁才通过会试，有了进入紫禁城参加殿试的机会，个中酸甜苦辣只有自己知晓。

在《陶庐老人随年录》中，王树枏对这次影响自己一生的会试有如下记载：

会试中试五十四名，是科大总裁为吏部尚书锡席卿先生珍，左都御史祁子禾先生世长，户部尚书嵩狯山先生申，工部左侍郎孙莱山先生毓汶。余卷为席卿先生取中，房师为编修唐春卿先生景崇。

会试后的殿试依例在紫禁城保和殿举行。王树枏与众贡士一起，在鸿胪寺官的引导下，来到保和殿外，在丹陛两侧按规定次序排列。依会试所中名次，单数者列东，双数者列西。王树枏是会试五十四名，在西侧站定。抬眼望去，大殿的匾额上书四个字：皇建有极，这是乾隆皇帝御笔。

众贡士在保和殿外依例行礼，礼毕后进入保和殿，在大殿两侧的试桌旁开始答卷。

按照殿试程序，所有贡士在规定时间交卷后，考卷由弥封官密封后加盖关防，卷面、卷背及骑缝之处，加盖礼部印章，所有考卷由皇帝任命的读卷官评阅。读卷官阅卷后，按五个等次标识试卷，即圈、尖、点、直、叉，随后，送首席读卷官总核，试卷以画圈多少排列名次，然后将前十名进呈皇帝，由皇上钦定名次。

四月廿五日，皇帝在太和殿举行传胪大典。王树枏早早起床，

故宫保和殿

穿戴整齐后，于黎明时分进宫，随班行礼叩拜。

盛典结束后，王树枏又随众人前往长安门看榜。

殿试结果，王树枏列三甲四十八名。朝考后钦点为主事，分到户部广西司。

这一榜进士之中可谓人才济济，能人辈出。用王树枏的话说是"有清末造人文之盛，莫过于丙戌一科"。

据统计，在之后的二十余年中，这一科的进士先后出了大学士、民国大总统徐世昌，协办大学士荣庆，尚书邹嘉来，侍郎景厚，副都统伊克坦，镇边大臣阔普通武、瑞洵，总督杨士骧、陈夔元，巡抚冯煦，布政使吴品珩、王树枏、王人文，民政使张元奇等；状元赵以炯，诗文俱佳，是贵州历史上第一个文状元；榜眼邹福保，教书育人，被当地誉为"亮节清风，三吴人望"。

回到冀州，王树枏与吴汝纶推心置腹，促膝长谈。

吴汝纶先是对王树枏表示祝贺，之后诚恳地提出了自己的想法。他认为："一官一邑尚可为民造福，而京官多是碌碌无为，徒耗岁月。"他劝说王树枏最好不要做京官，建议改任知县。

王树枏听后深以为然。经过反复思量，他上书朝廷，申请改任知县。冬初，奏请获批准，部选四川青神知县。

金榜题名又如愿改任知县，令王树枏倍感春风得意，豪情满怀，所作诗中也少了往日的哀婉与忧患，字里行间洋溢着对未来功成名就的向往与憧憬。他在《十一月廿九日涿州晓发》诗中写道：

马蹄争蹴石砑訇，迤逦长桥逐队行。

初日照山无定色，断水横渡起寒声。

廿年京国尘埃梦，一粒功名老大情。

盛世有才终不负，虎头飞食岂书生。

第二章 游宦四川

先生为政，以利民为本。民之所患，如为之除；民有所利，必为之兴。善察民情，论卑易行，因势利导，害除而民不扰，利兴而费不繁。

——王维庭

第一节　别李鸿章

一八八七年，清光绪十三年，八月。

天津三岔河口，帆樯林立，舟船如梭，商铺客栈鳞次栉比，衙署寺庙庄严宏阔，运河两岸一派忙碌景象。

王树枏站在码头上，目送着一艘渐行渐远的客船，慢慢淡出自己的视线，禁不住泪眼模糊。

乘船远去的是他的三叔、五叔以及任职工部的同乡好友王鹤田等人，他们从新城县老家走水路将王树枏送至天津，随即返回。

他心中了然，家人与好友之所以百里相送，是因为此次远行不同以往。千里入蜀，征途漫漫，不知何年何月才能回归故里，此情此景，怎不叫人感伤。

送走亲友，王树枏稍作休整，便前往总督行署，拜见直隶总督兼北洋通商大臣李鸿章。

位于天津三岔河口的总督行署，最早为盐院衙门，咸丰十一年裁撤，盐政归总督监管，遂改为通商衙门，同治九年改为总督行署。

虽然当时直隶省会在保定，但直隶总督兼北洋通商大臣李鸿章，一年之中多数时间在天津办理公务，只有在冬季封冻后才回到保定。

王树枏见到李鸿章，行晚辈之礼。

李鸿章笑言："晋卿无须多礼。"

落座后，李鸿章一改平日里的庄重与威严，用调侃的口吻说："青神县为蜀中极苦之缺，我函告川督刘仲良，让你在省城担任尊经书院山长如何？"

王树枏言道："大人是让我做冯妇？"

李鸿章听后哈哈大笑，王树枏也跟着笑了起来。

这是一个春秋时期的典故：相传晋国有一个叫冯妇的男子，武艺高强，擅长打虎，后来为了行善举，听从朋友劝告，决心不再打虎。有一天，他在路上看到一群人追打一只老虎，便忍不住又重操故技，上去帮忙，因而被士人耻笑。再作冯妇也便有了重操旧业之意。

李鸿章

王树枏当然不想"再作冯妇"，重新去教书，故而引得李鸿章大笑。

笑过之后，李鸿章说道："老年伯（指王树枏祖父王振纲，是李鸿章父亲李文安的进士同年）积学累行，郁久必发，当是应在你身上，以君之才学，断不会久居人下。"

随后，李鸿章又就为官之要谈了自己的看法，叮嘱王树枏要好自为之。

拜别了李鸿章，王树枏随后登船启程。

他伫立船头，侧身西顾，离家时的一幕幕再次浮现在眼前，感而赋诗，名曰《西征》：

> 戚戚去故里，悠悠赴长途。
> 鹍鸡发哀响，凝露陨芳芜。
> 亲密赠予迈，立马解雕弧。
> 出门左右顾，回首重踟蹰。
> 吾闻纨绔儿，皓首耻为儒。
> 驱饥迫远道，乃在天一隅。
> 开秋感物心，念独空嗟吁。

王树枬此行先走水路，到河南道口后，登岸换成马车，陆路西行。途经古城西安时，他还要去拜见另一位重要之人，这个人便是他的恩师黄彭年。

第二节 又见恩师

一八八七年，清光绪十三年，秋。

被称为十三朝古都的西安城，虽早已褪去汉唐的华丽与辉煌，但那高大壮阔的城墙、城门以及箭楼，无不透出千年古都的威严与沧桑。

抬眼望去，城中最醒目的建筑非钟楼和鼓楼莫属，若登楼远眺，西安城的全貌可尽收眼底。

鼓楼周边多是陕西省和西安府的各级官衙。其中，鼓楼南侧为总督衙门，北侧是巡抚衙门。此时没有人能够想到，十三年后，这两个院落将成为慈禧太后和光绪皇帝的避难之所。

鼓楼西侧是按察使司，也就是人们常说的臬台衙门。

这日，陕西按察使黄彭年正埋头于案牍之中，有人来报："大人，王树枏求见。""快请！"黄彭年忽地站起身来，向屋门口迎去。

一八八二年，黄彭年离开保定，就任湖北襄阳道，后升任按

黄彭年

察使，一八八五年调任陕西按察使。前几日，黄彭年收到王树枏的来信，知道他近日抵达西安，只是没想到来得如此之快。

师徒久别重聚，甚是高兴。黄彭年拉着王树枏的手，边走边说道："原以为你过两日才能到，未料如此迅捷。"王树枏说："因思念恩师，路上未敢耽搁。"

落座后，黄彭年又说道："此次入川路途遥远，再次相见不知何年何月，你在西安就多住些时日吧！"王树枏望着黄彭年日渐苍老的面容，点头答道："听从恩师安排。"

在老师黄彭年的挽留下，王树枏在西安逗留了十日。这期间，师徒二人谈书、谈史、谈学问，回忆在保定莲池书院共同度过的美好时光，甚是欢愉。王树枏在《黄子寿师陶楼文集序》有载：

光绪丁亥之冬，树枏以部曹改官之蜀，道出西安。吾师贵筑先生时以湖北按察使调署秦中。朝夕过从，既得备闻入官行政之方，又以其间请录示生平著述刊行，以公诸世。

一连多日，王树枏登临城墙楼阁，徜徉碑林雁塔，游览了西安众多名胜古迹，其中自然少不了一个地方，杜工部祠。

自幼读杜甫的诗，怎能不去祭拜一下诗圣？王树枏择一日，专门前往杜工部祠焚香祭拜，并赋诗一首：

韦曲新胶杜曲茶，黄甘碧薤间菰瓜。

焚香荐席终南下，翦纸招魂帝子家。

蕙苑不须忧苦苣，豆田相对霭秋花。

明朝风雨巴江去，重拜茅庐锦水涯。

时光飞逝，一晃就是十来天，王树枏即将离开西安赴川，师徒二人均有些不舍。

这日，黄彭年取出自己的一幅画，名为《出瓦桥饯别图》，请王树枏题诗。看着画中故乡景物，当年恩师离开保定时的一幕幕又浮现在眼前，他欣然领命，提笔赋诗：

瓦济关头驻客桡，离人杯酒各魂销。
牵萝睇笑三千里，辍棹夷犹十二桥。
淀国烟波同一别，秦川风雨忽连宵。
他时濯锦江城上，独把夫容首自翘。

辞别恩师后，王树枏继续自己的四川之行。此时他并未意识到，这是他与黄彭年见的最后一面。

三年后，王树枏还在四川之时，恩师黄彭年在湖北布政使任上去世，享年六十九岁。在《陶庐老人随年录》中，王树枏对黄彭年的生平有如下记述：

师名彭年，道光癸卯顺天举人，乙巳进士，丁未补行殿试改翰林院庶吉士，庚戌授编修。历充国史馆协修，翰林院撰文、武英殿纂修。咸丰三年，请疾回籍。同治二年，召来京以母丧未葬辞。七年直隶总督李文忠奏派总纂《畿辅通志》，寻起授湖北安襄郧荆兵备道，历湖北、陕西按察使，擢江苏布政使署理江苏巡抚，调湖北布政使，卒官，奏入国史循良列传，著有《陶楼文集》十卷。

第三节 蜀道之难

"蜀道之难，难于上青天。"

王树枏自幼学诗，对李白的千古名篇《蜀道难》可谓是烂熟于心，不知背诵过多少遍。

而今自己要亲身体验穿行蜀道之艰难，心中不免有些亢奋。世人皆知蜀道难，但自古至今又有多少人走过这条路呢？

从陕西关中平原去往成都，首先要翻越秦岭，到达汉中，之后再翻越大巴山，抵达成都平原，全长千余里。其中，穿越秦岭的道路主要有四条，分别是陈仓道、褒斜道、傥骆道以及子午道；而翻越大巴山的道路则有金牛道、米仓道和荔枝道。

王树枏从西安出发，走咸阳，涉沔水，过宝鸡，登太白煎茶坪，攀凤县凤岭，穿褒斜道抵达汉中；之后，走金牛道，途经宁羌、七盘关、龙门阁、石柜阁、广元、昭化、牛头山、剑阁、武连、绵州等地，最后的目的地是四川成都。

一路之上，王树枏留下了许多精美的诗篇。从这些诗中或可感受诗人的心境，领略蜀道之艰险。

在过沔水时，道路还只是："所历地渐高，回视但洼谷。群山忽翕合，左右叠碍目。"经过宝鸡山中，已变成："樵人细如蚁，久睇始见形""人影堕虚无，俯视心眼惊""叹息行路难，摇心若悬旌"。进入褒斜道，虽已见惯了陡峭的山路，仍不免为山势之险峻，道路之难行而慨叹："褒斜道最曲，盘折缭云外。冷猿挂枯条，骇豹窜丛卉。惊心慑险隘，猛虺增愕怪。孟冬远行役，霍霍走烟霭。"过汉中，进入金牛道，踏上直抵云霄的天梯，才晓得以前所历之险不过尔尔："峙足青云端，始知众象卑。回视身所历，万险成平夷。"

穿行蜀道之中，让人感慨的不仅是道路之艰险，还有这千年古道上那些曾经的人和事。

饱读诗书的王树枏，眼前浮现出诸多历史画卷：战国纷争，张仪、司马错蜀道入川，巴蜀归秦；楚汉争霸，刘邦、韩信明修栈道，暗度陈仓；三国鏖战，诸葛亮挥师北伐，六出祁山；曹魏伐蜀，邓艾偷渡阴平，蜀汉归降；安史之乱，唐玄宗远走蜀道，避难成都……

跋涉至紫柏山时，王树枏前往留侯祠（也称张良庙），登上授书楼，凭栏远眺，只见群峰环抱，云海沉浮，松柏叠翠，如坠仙境之中。他触景生情，赋诗一首：

汉家有二相，正谲各不同。

留侯邃道术，武侯亢儒风。

宋人强解事，议论实弗衷。

老子重为我，守雌以为雄。

侯乃获此秘，首尾亦犹龙。

赢项猛万夫，嬉弄如儿童。

哀哀汉君臣，玩之股掌中。

富贵去如尘，去访商山翁。

西登授书楼，云林郁葱葱。

四山列帷幄，深藏见渊中。

何时博浪椎，插为天外峰。

下有鸣玉泉，声若斗璧撞。

孟冬灿艳葩，姣如好女容。

迎风折瑶草，倏然追遐踪。

诗人将汉初张良和蜀汉诸葛亮相提并论，实则在说道家与儒家的不同。诗可明志，王树枏在诗中流露出对老子道家学说颇为推崇，却对宋朝理学似有微辞。通过这首诗，或可感受到，在王树枏身上有着北方"颜李学派"和南方"桐城学派"的双重影响，抑或有助于读者对他日后做人做事的思想脉络有更多的认知。

翻过秦岭和大巴山，走过世间最为险峻难行的蜀道，前方就是豁然开朗的成都平原。

王树枏知道，前方等待自己的还有另一条艰辛之路，在这条路上，或许见不到高山大川，但却会有无数沟沟坎坎；或许看不到野兽出没，但却会有防不胜防的明枪暗箭。比起刚刚走过的蜀道，前方的路或许更加曲折，更加艰难。

第四节　锦城谒宪

一八八七年，清光绪十三年，十一月。

虽已是仲冬时节，但成都平原的景色让王树枏想起了故乡的晚秋。蜀中的山河地貌、街巷民居、风土人情与京畿之地多有不同，令王树枏感到新鲜，几乎忘却了长途跋涉的疲惫与艰辛。

行走于成都锦江之畔，王树枏记起了唐朝张籍的一首诗："锦江近西烟水绿，新雨山头荔枝熟。万里桥边多酒家，游人爱向谁家宿？"

抬眼望去，前方不远处便是总督衙门，今日，他要专程去拜见四川总督刘秉璋。

刘秉璋，字景贤，号仲良，安徽庐江人，一八六〇年中进士，选为庶吉士，授翰林院编修。一八六二年入淮军，先后与太平军战于上海、江苏、浙

刘秉璋

江等地，后又辗转江苏、安徽、山东、河南、湖北五省与捻军作战，因屡立战功，擢升江苏按察使、江西布政使、江西巡抚、浙江巡抚等职，一八八三年，他指挥镇海之役，重创法军。一八八

六年升任四川总督。光绪皇帝称其为："学问优长，老成练达，任事勇直，持恭廉介。"

在淮军将领中，以翰林统兵而位至督抚的只有两人，其中一人是李鸿章，另一人便是刘秉璋。他二人的关系非同一般，若称刘秉璋为李鸿章的左膀右臂，定不为过。刘秉璋到四川履新，李鸿章尽其所能，各方关照，先后致信四川布政使崧蕃、按察使游智开以及监茶道等官员，游说安抚，助刘秉璋尽早掌控蜀之政局。

除开公事，刘秉璋与李鸿章还有着很深的家族渊源。当年，刘秉璋少年求学，曾拜师李鸿章之父李文安，李鸿章长子李经方娶刘秉璋长女为妻，李鸿章六弟之女嫁给了刘秉璋的长子刘体乾，刘秉璋之子刘体智等人也入李鸿章家塾读书。据《细说刘秉璋家族》一书记载，刘秉璋与李鸿章两个家族的姻亲有八门之多。

从乾隆十三年起，朝廷在四川只设总督，不再设巡抚一职，巡抚事务由总督兼管。

刘秉璋督川一年多来，查办重庆教案，规范官吏行止，整顿全省政务，查结积案，减轻厘税，整日繁忙，甚是劳累。

听闻新任青神知县王树枏求见，刘秉璋立即命人请入签押房。

看着三十多岁一脸英气的王树枏，刘秉璋仿佛看到了二十七年前的自己。想来自己当年中进士之时，也和如今的王树枏年龄相仿，真是时光易逝。

礼节过后，刘秉璋对王树枏说道："一路辛苦，本应多歇息一些时日，怎奈青神已悬牌一月有余，你需尽快赴任。"

王树枏点头称是。

刘秉璋又说道："到任后有两件事为要，一是安定民心，二是体恤民生。青神如今之情形，眉州知州毛隆恩会与你详说，老夫就不赘言了。"

王树枏正考虑是否告退，刘秉璋话锋一转，又谈起了诗文。王树枏虽不明就里，但也欣然应答。

王树枏不知道的是，当他尚在赴川途中时，刘秉璋便收到李鸿章的书信。信中提到："新选青神县王树枏，直隶之名士，诗文词妙绝，乞加意拂拭之。"这或许就是刘秉璋与之谈诗文的原因吧。

日后刘秉璋与王树枏确有不少诗文唱和。一八九五年，当刘秉璋革职留任，将家眷送回安徽老家，独自一人留在成都时，王树枏有和刘秉璋诗云：

> 太白杯中月影人，放翁家口鹤猿身。
>
> 萧条宦思清如许，坐拥红炉一片春。

在王树枏的诗集中，还有《次韵刘仲良宫保瓜庐四首》《次韵刘宫保除夕遣兴五首》等多篇和刘秉璋的诗，这都是几年以后的事情了。

出了总督衙署，王树枏又谒见了藩台、臬台、道台等省城一众官员，之后启程赴青神任。

途经眉州，他专程拜见了知州毛隆恩。

毛隆恩是官宦世家，三代在四川为官，持廉宣能，政声颇佳。当初王树枏初任户部主事之时，认识一毛姓同事，他便是毛隆恩的侄子毛庆蕃。

当王树枏以下属和晚辈身份拜见眉州知州毛隆恩时，毛隆恩很是高兴，与王树枏叙谈良久。

他告诉王树枏，青神县地狭民贫，全县之精华在鸿化堰，灌溉农田面积有两万多亩。按照旧例，每年维修堤坝疏通沟渠的费用按地亩数分摊，但因豪强大户隐匿田亩，逃避费用，致使鸿化堰年久失修，逐渐荒废，至今已有四十余年了。

"均则不贫，为何不清丈田亩，以恢复旧制？"王树枏问道。

毛隆恩看了一眼王树枏，说道："你到任三四年后，利弊周知，然后着手，庶有把握。"

王树枏朗声说道："我到任两月若不能成此事，也就无做成之日了。"

毛隆恩笑而不言。

王树枏随后告辞，直奔青神上任去了。

第五节 主政青神

一八八七年，清光绪十三年，腊月初八日。

冷清了许久的青神县衙，忽然热闹起来，门口聚集了不少乡民。

听说新任知县昨日才到县里，今天便升堂审案，许多乡民前来围观，一时间人头攒动。

王树枏命人打开县衙大门，告知民众可随意围观，之后正式升堂问案。

看到两个差役将一个叫云瑾光的人押入了大堂，在场的人都颇为惊讶。此人在当地小有名气，他平日里挑唆诉讼，扰乱视听，欺骗乡民，从中渔利，故而人们称其为"讼棍"，依当时的律法需严惩。众人不解，知县大人刚来一日，是何时知晓此事，又是何时羁押此人的呢？

原来，早在王树枏上任的路途之中，就有十余起人拦轿状告云瑾光，并递交了诉状。

抵达县衙后，王树枏立即发一朱票，秘密差人将云瑾光传到县里，次日接印后便升堂审问。在诸多证人证词面前，云瑾光只得当堂认罪，但面有不服之状。

王树枏命人将云瑾光关到外监（一般罪行较轻的收至外监），

听候发落。随即吩咐道："日后每次审案，都要将此人带到大堂，让其旁听。平日里给他几卷先儒理学书籍，让他在监中阅看，每看完一篇都要写书后。"

王树枬白天问案，掌灯后还要查阅卷宗，探究案情，对案件一丝不苟。

他所审案件脉络清晰，证据确凿，处罚适当，百姓信服。不多时日，积压的旧案大都审结，新案也渐趋减少，县民好讼之风随之而变，"讼庭之上，足迹渐稀。"

半年后，云瑾光也心悦诚服，发誓痛改前非，与人为善。他出监后果不食言，多有善举。

虽然审案耗费了王树枬很多精力，但他却须臾不敢怠慢一事，即重修鸿化堰，因为此事关乎众多百姓的生计。

接印第三日，王树枬便召集上下两堰的绅士，商讨清查田亩之事。他说："我到任之后，查县中有利于民者，莫如鸿化一堰，而害之大者，亦为鸿化堰为最甚。当务之急，要尽快清查堰户田亩数量，重新造册登记，如实上报，不究既往，只责将来。"

多日之后，清查田亩的账册报了上来，其数目比旧册上少了许多，很显然，仍有很多水户隐匿田亩数量。

王树枬看后，面有愠色，将田册重重摔在几案之上，说道："果然如此，难怪四十余载堰务废弛。田亩混乱，经费难筹，如何兴修？"

为探究鸿化堰实情，王树枬微服简从，逐户走访鸿化沟田户，将种种弊端，一一记下。

这日，见一户房屋破旧，王树枬走了进去，询问主人生计如何？主人回答："早年尚好，只是这些年生活愈发艰难。"王树枏又问他何故至此？主人答道："皆因担任堰长所致。"王树枏心中不解，询问究竟，此人便聊起了陈年旧事。

这个人名叫向章，十五年前曾做过鸿化堰堰长。据向章讲，最早每年修堰时，由全体水户推选八人担任堰长，按亩收费，户无遗漏，经费充裕。后来有狡猾之徒充任堰长，不但自己不交钱，还优亲厚友，从中渔利，任意侵吞。这样一来，那些大户便也不交钱米，致使每年修堰费用入不敷出。而堰长只能出钱垫付，苟且塞责，来年上报时，隐匿底册，剔除田亩。这样经年日久，出钱的水户便寥寥无几，修堰费用也就越来越少。因为堰长每年要垫付修堰费用，时间一长便会倾家破产，所以就没人愿意干，堰长经常是一年一换。向章当了一年堰长，所垫付的修堰银两居然十五年才能报充。上一任知县欲加以整顿，但由于属下舞弊，有人以多报少，还有人以少报多，造成账册混乱，水册不足为凭，人心更是难以收拾。

走访多日，王树枏已成竹在胸。他召集鸿化堰乡绅和大户议事，提出自己的想法。

他说道："我以为，鸿化堰一事由官办成功较难，由绅办则成功较易。正如先儒所言，功约易成，力多易举。"随后，他将自己的办法和盘托出，共计五条若干款，众人皆言可行。

暮春时节的鸿化沟，远看山色空蒙云雾缥缈，近观溪水清澈落英缤纷。

行走在鸿化沟的田头地垄之间，王树枏无暇欣赏春日美景，只为清丈田亩而四处奔忙。

按照与鸿化堰乡绅、大户商议的五条清丈之法，王树枬组织众乡民付诸实施：

其一，鸿化沟所灌溉有四十余沟，每条沟视其长短设立沟长二三人或四五人，由沟内水户共同选举产生，共选出沟长一百二十一人；

其二，根据田亩数量多少，明确若干大水户，由众人推举产生，共选出大水户二十七人；

其三，采取先清后丈之法，先由沟长持草簿分段清查，之后由大水户持簿丈量；

其四，沟长、大水户以及众水户之间互相监督，一处有事，众人会勘，一人有弊，众人共议；

其五，将清丈之法上报州府，"遇有绅衿阻挠不服者，准指名详革，严行惩办。"

王树枬亲自督查，遇有状况当场处置，清丈田亩之事颇为顺利，二十日后，全部完成。隐匿的田亩都被清出，居然比旧册上的亩数还多。

王树枬随即命人计算通渠所需人工数，每亩应出钱米数，聘请修渠工匠，并亲自实地勘察堤坝堰体。

这日，王树枬行至沟口处，遇有十多个百姓叩拜，请求知县大人做主。王树枬忙问何事，这些人便七嘴八舌地讲了起来。

原来，鸿化堰是斜着截江水入渠，渠头正对一条山沟，在山沟入渠处筑有堤坝，通过堤坝拦截，使沟水与江水汇流后入渠。然而，当山洪暴发之时，每年都要冲毁堤坝，沟水顺流南下，不但不再汇入水渠，还淹没农田，造成灾害。

王树枏深知，治水之要不在于堵，而在于疏导。经反复探查，他提出修一座漫水、透水堤坝的办法。

具体为：将堤坝高度降低二尺，与渠持平，水大时水从坝上翻过，水小时则并江水入渠。修坝时在坝底部密布木桩，木桩间隔三四寸，这样玲珑透水，缓解水势，减少冲击之力。

依照此法修建的水坝，日后再也未被冲毁过。

一个多月后，鸿化堰工程全部竣工。看着渠水畅流，禾苗苗壮，百姓欢愉，王树枏倍感欣慰。

鸿化堰与蟆颐堰以及通济堰一起，构成了成都平原南部仅次于都江堰的岷江灌溉体系，工程一直沿用至今。

在青神知县任上，除本职公务外，王树枏还奉命数度外出兼

青神县鸿化堰进水闸（杨彦刚摄）

差，颇为忙碌。

一八八八年七月，王树枏奉命到省城任乡试考官，三个月后返回青神本任。

次年九月，知州毛隆恩病逝，王树枏奉檄兼理眉州州务，往返两地处理公务三月有余。应毛隆恩家人所请，王树枏为其撰写了《眉州直隶州知州毛君墓志铭》。

一八九〇年五月，彭山知县孙绍龙因母亲病逝告假回乡，由王树枏兼理该县政务半年之久。

第六节 与民同乐

满枝新绿昼沉沉，薄酒疏帘力不禁。

隔岸远山寒翠逼，闭门微雨落花深。

有情蛛网添春绪，无赖莺声搅客心。

曷不扁舟蓑笠去，东风归卧旧园林。

这首诗名为《止园》，是王树枏担任青神知县时所作。在王树枏的诗集中，除这首诗外，有关止园的诗还有《二月廿一日雪中游止园》《止园杂怀》《次韵王丕臣学博止园四首》《止园酬戚觐臣》等十四首之多。

诗中提到的止园是何名胜？其实不然，它只是王树枏在县衙东侧空地上辟出的一个小花园。

王树枏亲自设计督建，用数月时间，建起了一座拥有一亭一榭，五间船房的花园，取名为止园。

王树枏亲自为该园题写"止园"二字，并为园中的船房题写了六字匾额："笺扬补费之庐。"

止园建成后，成为城中百姓自由往来的休闲娱乐之所。正如王树枏在《陶庐老人随年录》中所载："余颇为民所亲爱，园亦任民往来如其家然。"

止园中所植树木有近百种之多，大都是当地士绅百姓自发移植而来。当王树枏从外地兼理公务回到青神本任时，看到园中郁郁葱葱，鲜花竞放的景象，感慨言道："今始知孟子所言与民同乐之味。"

王树枏在繁忙的公务之余，也偶尔偕两三好友游览青神名胜中岩山。只有在这个时候，王树枏才会流露出他的文人本色，与友人徜徉山水之间，诗文唱和，乐此不疲。

在王树枏《文莫室诗集》之《西征集》中，有多首描写青神中岩山的诗篇，诸如《五月十二日，微雨，偕戚觐臣严符瑞鲁幼都李燮堂游中岩寺》《湘乡杜云秋俞约为中岩之游，为诗十六韵贻之》《三月十四日，云秋乘兵船见过，因邀李云乔同年践中岩之约。云秋一宿而去，留之不能得，乃为此诗，追以赠之》，等等。

中岩山位于青神城南二十里，早在唐、宋时期，就有众多庙宇，人称"西川林泉最佳处"。

古代中岩山曾与峨眉山齐名，素有"先朝中岩，后朝峨眉"之说。李白、范镇、苏轼、黄庭坚、范成大、陆游、杨慎等历代文人墨客都在此地留下过美妙的诗文。

最让人津津乐道的是，当年少年苏轼在中岩书院读书，因为鱼池命名而与老师王方的女儿心心相映，喜结连理的美丽传说。在中岩寺有一汪碧池，池水清澈见底，鱼戏水中。每当池畔有人拍手，池中的鱼儿听到掌声便会游至岸边。王方请当地文人名士和书院学生一起为该池命名。一时间，大家各抒己见，有的命名"藏鱼池"，有的取名"引鱼池"，有的题名"跳鱼池"，但王方均不甚满意。当看到苏轼题写的"唤鱼池"三字时，王方大喜道：

"妙哉!"无独有偶,此时王方的爱女王弗在闺房之中题写的也恰恰是"唤鱼池"三个字,真可谓心有灵犀。不久后,王方将女儿王弗许配给了苏轼。一○五五年,两个互相爱慕的年轻人结为伉俪。后来,爱妻王弗因病去世,苏轼十分感伤,写就了那首千古名篇《江城子》:

十年生死两茫茫,不思量,自难忘,千里孤坟无处话凄凉。纵使相逢应不识,尘满面,鬓如霜。

夜来幽梦忽还乡,小轩窗,正梳妆,相顾无言,惟有泪千行。料得年年断肠处,明月夜,短松冈。

青神县中岩山唤鱼池(肖邠摄)

至今，中岩山还留有苏轼题写的"唤鱼池"三个字。

与苏轼亦师亦友的黄庭坚，曾客居青神三个月，留下诗文六十余篇，其中以流杯池边饮酒挥毫而作的《玉泉铭》最为经典。后人对黄庭坚的诗文、书法十分赞赏，曾国藩对黄庭坚的书法尤为推崇，称之为"海内存世，黄书第一"。

王树枏自幼喜爱黄庭坚的诗词，如今游中岩山亲睹先贤遗迹，更是诗兴大发，赋诗十余首。其中，《游中岩访山谷遗迹》诗曰：

慈姆堂前记旧游，中岩山下系行舟。
劫来空访元符字，醉后时吟借景楼。
百日萍蓬羁客泪，千年风月暮江头。
诗人老去题铭在，碧藓荒崖落日秋。

弹指之间，王树枏来青神已近三载。眼看新年将至，王树枏感怀千里游宦之甘苦，杯酒赋诗：

家计为官累，荒城又一春。
一杯人月影，三口鹤猿身。
未必儒冠误，只应吾道贫。
古来政如此，世眼漫相嗔。

第七节　调署资阳

离鸾吊影啼金玦，覆燕伤心恼玉筐。

冷雨拍窗春索漠，软云偎枕梦凄凉。

　　当王树枏写作这首诗的时候，他已经调离青神，署理资阳知县。

　　一八九〇年腊月初十日，督府发公文，调王树枏署理资阳知县，青神知县由周令镕接署。

　　王树枏先行将妻子杨夫人和次子禹敷送至资阳，暂居廖家公馆，自己交卸公务后，于年后正月初二动身赴资阳就任。

　　正月初四日，三子勇敷降生，因生于资阳，故取小名资生。

　　妻子杨氏受风寒大病，请医生诊治无效，于正月廿四日去世，年仅三十八岁。

　　夫人病重期间，将自己双目失明的妹妹托付给王树枏，主要是考虑到两个儿子年幼，恐遭后母之变，王树枏一一应允。

　　刚赴新任，就遭此变故，王树枏甚是悲伤，因此才有了前面那首满怀悲情的诗篇。

　　早在去年五月，总督刘秉璋就上奏朝廷，请求将王树枏与资阳知县施调庚对调，被吏部驳回，原因是有人参劾施某。无奈之下，只好命王树枏署理资阳知县。

刘秉璋之所以如此安排，主要是看中了王树枏在青神县处理诉讼的能力。

初署资阳，王树枏把主要精力都用在了处理积案上。

开始的三四个月，他全部在大堂问案，并任人旁听。这样做一则能够防止书差蒙蔽；二则可以让更多人懂得惩戒的道理；三则也有利于通上下之情。时间一久，百姓信服，遂退至二堂审案，仍让人随意旁听。

王树枏问案之时，注重从职业口碑了解原、被告平日之为人；从察言观色中分析原、被告所言之真伪；从证人及旁听者的辞色之间判断当与不当。

他审案十分勤勉，有案必审，有审必结，除盗窃和借债案件外，基本都是一两次审案就可了结。用王树枏自己的话说："我偷一日之闲，则讼者受全家之累，况羁押乎？余生平自誓不敢做此孽也。"

治标还需治本。王树枏明白，资阳之所以积案累累，诉讼繁多，主因是豪绅把持衙门，诳财健讼。他还了解到，上一任知县也想清除这一弊端，但手段乏力，反而被当地豪绅两度参劾去官。

对于当地豪强，王树枏毫不畏惧。他当众责罚了涉案的蓝举人父子，令其具永不干预公事切结，其他豪绅大户见知县大人如此果决，也都收敛了言行。

初到任时，王树枏每日问案三四十起，两个月后诉讼渐稀，每日只有两三起了。

审案余暇，王树枏亦不失史家风范，偶尔外出踏访古迹，考证有关资阳历史传说之虚实真伪。

有史料记载，五代十国时期后蜀末代皇帝孟昶的宠妃花蕊夫人，死后葬在四川资阳。一八九二年四月，王树枬登莲台山（今莲花山），寻访花蕊夫人墓地。一行人逶迤西行，至东岳山赖家坡，见一处空地形如凤尾，王树枬决定在此地建一花园。

他亲设计自督建，历时四个月花园竣工，命名为"章园"，取《尔雅》上正章之义。

章园园门楹联为"江城如画里，梅柳认村前"。园中有看云步月台，左茅轩取名秋燕堂，右船房命名野航，正中跨凤山房，后有憩亭，西侧是花蕊夫人祠，并塑像立碑。

王树枬在章园留下了大量诗文，其中，为花蕊夫人祠赋诗云：

> 仙源作记陶元亮，彩笔书碑蔡少霞。
> 双泪君思湘水竹，千年春梦蜀宫花。

为跨凤山房赋诗：

> 蘅兰掩泣蓬蔂笑，惆怅云中跨凤人。
> 语燕娇莺春撩乱，碧梧苍竹自嶙峋。

野航观景赋诗：

> 稻田苹渚水浮天，老米新开书画船。
> 傍树午云穿户过，避风沙鹭对人眠。

游秋燕堂赋诗：

> 翡翠帘栊玳瑁梁，芹巢未稳又新霜。
> 江云江树思千里，秋雨秋风梦一场。

登看云步月台赋诗：

> 十年稷契经纶志，万里风霜弟妹思。
> 台外浮云台上月，不堪重读少陵诗。

憩亭小憩赋诗：

> 亚字阑干立字亭，四围山色向人青。
> 黄鸡满地秋禾熟，襦袴童谣可意听。

此时的王树枏未曾料到，百年之后，几经重建，章园被称之为"沱江流域最早的公园"，如今的名称叫凤岭公园。

读者或许未到过此园，那就欣赏一下王树枏章园题画诗吧：

> 近山苍翠远山蓝，竹叶青葱柿叶丹。
> 风力满帆船不泊，一丸斜日落江寒。

一八九二年七月廿二日，王树枏奉檄回青神本任。

十二月十八日，在朝廷三年一次的大计中，王树枏因政绩卓著，被荐为卓异。

令王树枬没有想到的是，随后不久，他这个书生县令居然要去另一个县舞刀弄枪了。

第八节　新津剿匪

一八九三年，清光绪十九年，阳春三月。

四川成都满城春色，繁花似锦，江水如蓝。

对于成都春天的景色，历代文人墨客都情有独钟。李白称这里："水绿天青不起尘，风光和暖胜三秦。" 杜甫赞此地："好雨知时节，当春乃发生。"李商隐欣赏："濯锦江边两岸花，春风吹浪正淘沙。"陆游回忆："当年走马锦城西，曾为梅花醉似泥。"

翰林出身，素喜诗文的刘秉璋，此刻却丝毫没有赏春赋诗的雅兴。连日来，多个府、县上报，称当地盗匪猖獗，抢劫焚杀，百姓苦不堪言，令他这个四川最高长官忧心忡忡。

古语有云：天下未乱蜀先乱，天下已定蜀难安。四川幅员广阔，民族众多，交通不便，民风强悍，自古以来治安都是一个难题。

刘秉璋督川以来，边民造反，盗匪滋事不堪其扰，各地教案也时有发生，虽下大力弹压剿抚，仍难彻底平定。

近日，与成都毗邻的邛州、蒲州、新津、彭州、大邑、双流等地又有盗匪出没，尤其是在邛州和新津一带活动最为猖獗。新津两任知县因剿匪不力，一人被撤换，另一人告病辞官，已挂印多日。

无奈之下，刘秉璋想到了王树枏。

王树枏在青神、资阳两县果敢作为，勇于任事，让刘秉璋颇为满意。他对属下说："王树枏明干有为，不畏艰险，非他不能办此贼。"遂发公文调王树枏署理新津知县。

一八九三年四月，王树枏赴新津任。刚入县城，但见一派萧条景象。街上行人稀少，许多店铺关门上板，路边摊贩也寥寥无几。

步入县衙，更让人惊诧，见堂口摆放着一门大炮。王树枏手指着大炮问书办道："县衙大堂摆放此物是何意？"

书办回道："大人有所不知，因本县盗匪横行，白日里就进城抢劫焚杀，前任知县栗大人每日午后就命人关闭城门，大堂设大炮以备非常之用。"

来新津之前，王树枏就知道该县治安混乱，盗匪出没，但未曾料到事态如此严重。

据知情人讲，原任知县颜大人与驻军的徐营官素来不睦，互相攻击告状。总督刘秉璋一气之下将颜知县撤换，徐营官调回省城，不再派兵驻扎新津。这样一来盗贼更加肆无忌惮，大白天就敢横行街市，抢劫杀人，竟无人敢管。

继任知县栗大人终日不敢出县衙，时间一长，署中的差役、城中的绅士多与盗贼串通，知县成了孤家寡人，不得已告病辞职回家。

王树枏初来乍到，盗匪就给知县大人送来了"见面礼"，那便是连抢三天，共抢劫了十三家商铺。

王树枏接印后，立即做了两件事：一是招募了精壮堂勇四十名，并编练乡团四支，每团二百人；二是致函总督刘秉璋，提出三个请求：其一，请求允许越境捉拿盗贼，相邻州县不得阻拦；其二，抓住盗贼后立即审问，并通报相邻州县复审，罪大恶极者就地正法；其三，请求派一二哨兵勇驻扎城内，看守监狱，以便自己能随时带人出城缉捕盗贼。王树枏表示：如果盗贼不能如期肃清，情愿被撤任参办。

对王树枏的请求，刘秉璋一一照准。

上任第四天，王树枏派都司黄苇堂带兵勇四人、乡团十人巡逻到城西张场，与匪首何麻子的队伍不期而遇，双方激战一小时，打死盗贼数名，何麻子受重伤而逃，兵勇一人死亡，团丁三人受伤。

上任第六天，邛州盗贼头目牟花脸派他的族人牟千总谒见王树枏，号称是前来调停。提出的条件是：只要县里定期送给钱粮，盗匪就不再来骚扰新津县。还说各州县官员大都是这个办法，保全自己而已。

王树枏拍案冷笑道："你敢这样来试探我？真可谓自投罗网！来人，把他给我关押起来！"又对牟千总说道："如果你不指明盗匪藏身何处，不能抓住匪首，那你就顶替他吧，我定不会轻饶于你！"从此之后，每抓住一名盗贼，王树枏都让人放出风声，声言是牟千总告发的。

盗贼们逐渐对牟千总恨之入骨，都想杀之泄愤。而这个牟千总害怕被贼所杀，从此不敢出县衙一步，转而为王树枏出谋划策，当堂与贼对质，为剿匪出了不少力。

之后几个月，只要探明盗贼的藏身之地，王树枏就亲率团勇前往捉拿，包括相邻州县也一样前往巡查抄拿。

开始盗贼还拒捕，后来就闻风而逃，哪怕只有一两个堂勇，盗贼也不敢聚而相抗了。

王树枏到任五个月后，新津县境内盗匪基本肃清。共抓获盗贼三百余名，就地正法八十余人，县内秩序恢复正常。

王树枏感慨道："官不畏贼，则贼必畏官，前此皆官畏贼所致。"

腊月廿八日，王树枏接到督署公文，调委富顺知县。

第九节　山雨忽来

一八九四年，清光绪二十年，二月初四日。

四川总督署签押房内，六十九岁的刘秉璋坐在书案前，花白的头发和憔悴的面容，让他看起来比平日里又苍老了几分。

他提起笔，刚写了几个字又将笔放下，起身推开窗，一股凉风忽地钻进屋来。他打了个喷嚏，随手把窗关上，脑海中掠过一句诗："山雨欲来风满楼。"

他重新坐下，开始写奏疏：《刘秉璋奏沥陈川省近事微臣苦衷疏》……

去年十月，御史钟德祥向朝廷参奏，四川吏治腐败混乱，总督刘秉璋任用亲信，所属州县设立私卡，防营兵勇暗通会匪，劫案迭出，请饬查办。朝廷委派时任湖北巡抚谭继洵为钦差，前往四川彻查，据实上奏。

按惯例，在钦差查清案情上奏朝廷之前，当事者本不应该上疏陈情，刘秉璋身为封疆大吏，当然懂得这些。但他已觉出，此次遭人弹劾，似乎不同寻常，此事背后定有更深层的原因。

他督川九年，处理过多起教案，为了维护川民利益，得罪了不少洋人；扼守巴塘，阻止外国人进入西藏，更是让洋人恨之入骨；他反对在四川境内开采矿山，又损害了很多人的利益……

其实，年近古稀的刘秉璋早已厌倦官场，之前已先后多次奏请开缺回乡，未被批准。虽不贪恋官职，但心中的委屈不吐不快，遂决定上这道奏疏，陈述九年来的各种苦衷，希望朝廷能了解内请。

虽有苦衷，但刘秉璋丝毫不敢怠慢眼前的公事。对于涉案官员果断予以撤换，对治安薄弱的州县官员予以调整，想方设法保持全省政局的稳定。刘秉璋先是让王树枬替换了涉案的富顺知县陈锡畅，两个月后又将王树枬与铜梁知县施鹤龄对调。

刘秉璋在给朝廷的奏疏中说："铜梁地居川东，民多健讼，且多民教交涉之事。王树枬年强才练，能任劳怨，人地实属相宜。"吏部批准了刘秉璋的奏请。

此后不久，四川官场的地震不期而至。

奉上谕，四川候选道徐春荣革职永不叙用；四川提督、重庆总兵钱玉兴、直隶试用道叶育荣交部严加议处；雅州知府嵇志文革职听候查办；富顺知县陈锡畅、遂宁知县黄允钦、阆中知县费秉寅革职。

四川总督刘秉璋部议革职，著加恩改为革职留任。圣旨中说："朕念该督宣力有年，平日办事尚属认真，是以特从宽宥。嗣后务当振刷精神，于川省吏治、营伍实力整顿，不得稍涉懈驰，以副委任。"

很快，四川官场的这场地震就波及了王树枬。

当初，王树枬在署理资阳知县时，得罪了乡绅蓝举人。蓝利用进京会试之机，联络同乡给事中吴光奎，举告王树枬在资阳杖毙犯人。

当时，钦差左督御史裕德和吏部侍郎廖寿恒正在四川查办钦案，便派一聂姓官员前往调查。

据王树枏回忆，在署理资阳知县期间，从没有打死犯人之事。虽曾有一名犯人死亡，也是保释出狱期间，在家中病亡。

《陶庐老人随年录》记载："有资阳土贼黄光恩，持枪刀抓人抢财，并吓诈银两，被拿获讯实后，因患病保释，在家中因病身亡，并非杖毙，且有保状在案可查。"

这日，一位不速之客来见王树枏，自称是银号的李掌柜，受人之托送一封信。信的大意是：经查，王树枏在资阳任上，杖责犯人四十大板，用刑过重，致其死亡……

王树枏问道："这是何意？"

来人言道："托我之人说，他奉命调查此案，如你能出四千两银子，就压下来，否则就据此禀复入奏。"

王树枏大怒："你回去告诉他，本县就是罢官收押，也绝不做此等龌龊之事！"

不久之后，吏部下达文书：王树枏在资阳任内有案犯因杖责过多，后病故亦属有违定例，予以革职。

总督刘秉璋深感惋惜与无奈，言道："诸君因余受累，老夫身任封疆，却不能保全一贤属吏，惭愧之至。"

王树枏更是深感无奈。来川七年，辗转数县，到今日罢官去职，所历风风雨雨，怎不令人感伤？他提笔赋诗曰：

> 风尘扰扰七年余，腐鼠偏遭吓凤雏。
>
> 缓肉刚肠无一可，自惭不读绝交书。

　　望着镜中苍鬓，愈加思念故乡亲人。王树枏寄情诗酒，期待不久之后的策蹇还乡：

　　　　七年尘土已堆肠，镜里萧萧两鬓苍。
　　　　横海长鳣翻制蚁，缺衔神骏有缘虻。
　　　　不须憔悴劳天问，便欲沉迷作酒狂。
　　　　从此烟霞应满眼，明年策蹇好还乡。

第三章 两入幕府

张文襄公时督两江，亟延入幕，未几复派解军火，往甘肃，遂为陶子方制军所倚重。

—— 王森然

第一节　香帅之请

　　堕落红埃卅四春，鼎中金虎贱如尘。

　　光芒一夜无寻处，坐想清虚上界人。

　　此诗出自《文莫室诗集》之《西征集》，是王树枏《成都杂感十首》中的一首。四十四岁的王树枏革职罢官，赋闲成都，月夜孤坐，诗酒为伴，难抑心中的孤寂、迷茫、疲惫与感伤。

　　如果说个人官场的失意让王树枏有些消沉的话，那么清廷在中日甲午战争中的败绩则让他深感愤懑与不解。

　　一八九四年八月廿日，听闻平壤之败，王树枏慨叹："撤戍销兵孕祸胎，当年铁错事堪哀。"中日甲午黄海海战，北洋水师战败，继而又获悉东北旅顺失守，日本人在旅顺进行了四天三夜的大屠杀，两万人丧生，王树枏已经难以平复自己的心情，洒泪赋诗，抒发自己的愤懑之情：

　　　　忽报雄关坼，羁臣泪满腮。

　　　　烟轮东海沸，铁钥北门开。

　　　　数载经营力，中兴将帅才。

　　　　如何垂手失，烽火彻光莱。

面对战争危局，清廷委任时任两江总督兼南洋通商大臣，帮办海军军务的刘坤一为钦差大臣，指挥关内外清军对日作战。同时，调时任湖广总督的张之洞接替刘坤一署理两江总督。

张之洞

张之洞祖籍河北南皮，一八六四年中进士，一甲第三名，也就是我们常说的探花。一八八四年，张之洞出任两广总督。他力主抗击法国军队，重用部将刘永福、冯子材等人，屡创法军，并取得了镇南关大捷。因张之洞号香涛，人们多称之为"香帅"。

一八九四年十二月，赋闲成都的王树枏收到一封南京（清代南京称江宁，为方便阅读，本书都称之为南京）来电，两江总督张之洞邀请他入两江幕府。

王树枏素闻张香帅爱才，自己的好友廖平、袁昶都是张之洞的得意门生，好友朱采也曾经是他的幕宾。当年在保定莲池书院与王树枏一起读书的袁昶，此时在张之洞手下担任徽宁池太广道道台一职。徽宁池太广道管辖着徽州、宁国、池州、太平四个府和广德州，俗称皖南道，也是一个很重要的职务。

从担任山西巡抚开始，张之洞便广揽天下有才之士，他的幕府中可谓人才济济。据《张之洞幕府》一书记载，从一八八二年就任山西巡抚到一九〇九年去世的二十八年间，入张之洞幕府者多达600余人，其中还包括相当数量的洋人。

王树枏一向仰慕张之洞的才学与为人，对于此时的雪中送炭颇为感激，欣然答应了香帅之请。

刘秉璋得知王树枏即将应邀前往南京，也颇为高兴，言道："一时之得失，不足为君荣辱。张公爱才，此行必有嘉会，扶摇直上，转瞬间事耳，老夫当拭目俟之。"

一八九五年三月，成都望江楼上。

王树枏凭栏远眺，锦江中水光潋潋，春风里帆影翩翩。

望江楼是为纪念唐朝著名女诗人薛涛而建。一八八九年，由四川总督刘秉璋主持，在原回澜塔旧址上修建望江楼，又叫崇丽阁。此处向来是文人墨客聚会之所，留下过许多名联佳句。其中也包括王树枏的忘年交，有"蜀中第一书家"之称的顾复初先生撰写的两副楹联：

> 引袖拂寒星，古意苍茫，看四壁云山，青来剑外；
> 停琴伫凉月，予怀浩渺，送一篙春水，绿到江南。

> 汉水接苍茫，看滚滚江涛，流不尽云影天光，万里朝宗东入海；
> 锦城通咫尺，听纷纷丝管，送来些鸟声花气，四时佳兴此登楼。

不久前，耄耋之年的顾复初还曾在望江楼上与王树枏等人饮酒赋诗，席间为王树枏填词一阕，作画一幅。为此，王树枏还专门赋诗以答谢。直到四十年后，王树枏还珍藏着顾复初先生的画作。

这日，得知王树枏即将离开成都赴南京，好友王咏言、陈矩、罗度、袁启昆等人相约在望江楼为其饯行。

王树枏知道，今日望江楼一聚不同过往。此一别，难料何年何月才能相见。他与诸位好友开怀畅饮，并为每人写了赠别诗。

王咏言，字冬生，号子晋，性情高洁，待人真诚，在官场几度沉浮，与王树枏相交甚笃。王树枏和王冬生诗曰：

> 吾家王子晋，骑鹤下风尘。
> 吏隐几经岁，空庭花木春。
> 天涯正寒食，江上送离人。
> 芳草萋萋意，临风各怆神。

陈矩，字衡山，与王树枏同岁，著名诗人，以军功入仕。不久前，作为重要随员，跟随黎庶昌出使日本归来。王树枏别陈衡山诗曰：

四川成都望江楼（李天祥摄）

嗜古陈夫子，搜奇东海归。
从君采洲渚，相与纫芳菲。
破甑讵吾耻，知音常恐希。
应怜失巢燕，万里傍人飞。

袁启昆，字玉田，数月前奉总督刘秉璋之命，到南京押运军火，刚返回成都不久。王树枏别袁玉田诗曰：

我从蜀国去，君自吴门归。
莺花正三月，海水忽群飞。
幕府开珊网，书生试铁衣。
休歌离别哭，致使壮心违。

罗度，字济川，年少成名，早早就担任县令，以廉洁仁孝为人称道。王树枏别罗济川诗曰：

弱冠为茂宰，终年忽息机。
从知毛义檄，都为老莱衣。
我亦惜芳草，王孙游不归。
念君高尚意，对酒两依违。

酒宴最后，王树枏与诸位好友深情告别，再赋诗一首，之后将杯酒一饮而尽。

此地忽为别，悽悽江上楼。
春风几千里，吹上木兰舟。
落日一挥手，长波无尽愁。
君心与流水，送我到吴头。

第二节 孤舟远行

一八九五年，清光绪二十一年，四月。

拂晓时分的岷江两岸薄雾缥缈，山色朦胧。看到岷江东岸的蟆颐山慢慢被甩到身后，船舱中的王树枏知道已过眉州，距离青神县不远了。

王树枏任青神知县三年，修水利、息诉讼、重民生、兴教化，倾注了大量心血，回首往事，历历在目，是非功过只能任后人评说。

今日携家眷东去，不知此生还能否故地重游，念及此，王树枏百感交集，禁不住赋诗一首：

> 蟆颐分晓色，象鼻起滩声。
>
> 昔岁频经此，孤舟又远行。
>
> 东流不复返，西望若为情。
>
> 历历三年事，犹遗去后名。

相较于入川时的蜀道之难，这次水路出川就轻松了许多。一路之上，王树枏诗兴甚浓，赋诗七十余首，命名为《南征杂诗七十二首》。

> 一夜风雨急，连山波浪高。

牛山看胸臆，夔峡听猿猱。

转瞬凌三县，轻身泛一毛。

崩腾山下水，神力想灵鳌。

这首诗是王树枏抵达夔州时所作。回想清晨还在万县，晚间已到夔州，一日行船三百六十里，这种"转瞬凌三县"的感觉让王树枏心情畅快了许多。

但这种轻松的心境是短暂的，不多时日，一连串的消息便传到王树枏的耳中。

甲午战败后，朝廷派李鸿章到马关（今下关）与日本议和，签订了《马关条约》。条约的主要内容包括：中国承认朝鲜"完全无缺之独立自主"，实则承认日本对朝鲜的控制；中国将辽东半岛、台湾及澎湖列岛割让给日本；中国"赔偿"日本军费白银两亿两，后又增加三千万两；开放沙市、重庆、苏州、杭州四地为通商口岸；日本军队暂行占领威海卫；等等。

签订《马关条约》的消息传到国内，社会各界一片哗然。当时，恰逢全国各地的举子在北京参加会试，其中也包括来自广东南海的康有为。他率领梁启超等人联名一千三百余名应试举子给朝廷上万言书，提出拒签合约、迁都抗战、变法图强三项主张，史称"公车上书"。而此时，无官无职漂泊在长江之上的王树枏只能睹物怀古，以诗寄情。

船泊巴东县，王树枏想起了北宋名臣寇准，便独自前往曾经的巴东县衙"双柏堂"，寻找当年寇准建造的"双亭"。

寇准祖籍山西，幼年丧父，自幼勤学苦读，十九岁中进士，初任巴东知县，可谓少年得志。他在官场几度沉浮，官至中书侍郎兼礼部尚书、同平章事，也就是我们常说的宰相。后来，寇准被封为莱国公。一〇〇四年，辽国入侵大宋，在宰相寇准的力劝下，宋真宗亲临澶州（今河南濮阳）督战，宋军用八牛弩射杀辽国大将，两国议和，于次年签订了著名的《澶渊之盟》，此后宋辽两国以白沟河为界，保持了百余年的和平局面。

寇准在巴东任上，于长江北岸的双柏堂修建"双亭"，分别称作秋风亭和白云亭。伫立亭中，可见大江横流，山峦叠翠，风景甚佳。及至寇准出任宰相，双亭一时名噪天下。可惜，日后白云亭毁于战乱，秋风亭也栋宇倾颓。

同样是外敌入侵，同样是议和，宋朝尚能保持一份尊严，而如今的大清朝却是毫无尊严可言了。

古柏树旁，巴山月下，王树枏对寇准又增添了几分敬重之情。赋诗一首《泊巴东怀寇莱公》：

澶渊岂孤注，谋敌智如神。

尔日风尘吏，谁知社稷臣。

双亭留老柏，千劫委荒榛。

唯有巴山月，曾经照古人。

船到宜昌，王树枏下船登岸。宜昌古称夷陵，因"水至此而夷，山至此而陵"得名。此处地扼重庆与湖北的咽喉，上控巴夔，下引荆襄，是名副其实的三峡门户，自古为兵家必争之地。

回想当年刘备亲率蜀汉大军攻打东吴，在夷陵一线扎下百里连营，可谓声势浩大。东吴年轻将军陆逊用计火烧连营。夷陵之战蜀军大败，刘备病逝于白帝城。联想今日之大清，号称亚洲最强的海军舰队不堪一击，战败求和，丢尽颜面，所定条约更是后患无穷。抚今追昔，王树枏心生感慨。

登上宜昌城楼，远眺长江两岸，王树枏惆怅赋诗曰：

> 春草夷陵墓，千秋尚烧痕。
> 登楼辨陶牧，倚剑瞰荆门。
> 海市通番舶，巴人学楚言。
> 眼前风土异，惆怅水西轩。

诗中"夷陵墓"是指楚昭王的陵墓，"陶牧"是指陶朱公范蠡葬地之郊野。相传，春秋时期，越国大夫范蠡辅佐越王勾践打败吴国后，谢绝封赏，迁居齐国定陶，靠生意积累了万贯家财。三次经商成巨富，三次散尽家财，遨游于山水之间，自号陶朱公。后代许多商人供奉陶朱公，称其为财神。至今，宜昌市区还有一条街叫作陶朱路。东汉建安七子之一的王粲，曾在此地作《登楼赋》，其中就有"北弥陶牧，西接昭邱"的诗句。

此时的王树枏或许在想，当年偏居一隅的越王勾践，卧薪尝胆，在范蠡的辅佐之下能够复仇成功，灭吴国成就霸业，我泱泱大清何时能击败日本，一雪甲午海战之耻呢？

从宜昌开始，王树枏改乘江轮，顺江而下，速度也快了许多。

六月中旬，王树枏抵达了六朝古都南京城，开始了他秦淮河畔的人生岁月。

第三节 两江幕府

一八九五年，清光绪二十一年，六月。

南京下关码头。天空飘着蒙蒙细雨，一股潮热的气息扑面而来。

王树枏下了船，深吸一口气，仿佛要品尝一下这"六朝烟水气"到底是何味道。

他记得在《儒林外史》中，作者吴敬梓曾用"菜佣酒保，都有六朝烟水气"的语句来形容南京城，南京人所特有的浪漫与诗意跃然纸上。

按照常理，素喜诗文的王树枏，来到弥漫着"六朝烟水气"的"王谢"故地，十里秦淮，必会诗兴盎然、佳句连篇，但令人费解的是，在他的诗集中并未看到描写南京的诗文，这又是何故呢？

如果你知道了他抵达南京后的行程以及所接触的人和事，答案也就不言自明了。

王树枏抵达南京当日，先将家眷安排到馆驿，之后立即前往两江总督署拜见张之洞。

张之洞见到王树枏很是高兴。寒暄过后，张之洞提出，请王树枏协助自己办理洋务、防务等事宜，兼办奏折，并希望他明日便携家眷入住总督幕府，王树枬欣然答应。

　　此时的张之洞可谓重任在肩。他不仅署理两江总督，同时还奉旨经办湖北的织布局、枪炮厂、炼铁厂等诸多事宜，经常奔走于南京与武汉之间，公务异常繁忙。

　　针对清军在对日作战中的颓败之势，张之洞提出编练一支新军的设想，并开始在军人中挑选精壮之士，聘请洋人带队操练，进行编练新军的尝试。后经朝廷批准，这支新军正式命名为自强军。为兴办实业，张之洞上书朝廷，筹划设立商务局，委派状元出身的张謇兴办纱厂。为改进教育，聘请有新式办学经验的梁鼎芬主讲南京钟山书院。

　　王树枬进驻两江幕府后，便全身心投入到繁忙的公务之中。在与诸多幕友朝夕相处，共同探讨和办理政务、军务、洋务的过

南京两江总督府（张震摄）

程中，王树枏得以进一步放宽了眼界，增长了学识。

此时的两江幕府可谓人才荟萃之地，其中与王树枏交往最为密切者当属梁鼎芬、柯逢时和黄遵宪。

梁鼎芬是广东番禺人，光绪六年中进士，曾因弹劾李鸿章被连降五级，后追随张之洞先后主讲肇庆端溪书院、广东广雅书院、湖北两湖书院和南京钟山书院。

应该说，梁鼎芬是一个颇为复杂之人。作为张之洞的得力助手，梁鼎芬在义和团运动、戊戌变法等重大事件中，多方联络、出谋划策、尽其所能，助张之洞在云谲波诡的政治斗争中站稳了脚跟；作为两湖书院山长，他大力推广新式教育，培养出了黄兴这样的革命党人；作为末代皇帝溥仪的老师，他四处奔走，支持张勋复辟；作为清朝遗老，他为修建光绪皇帝的崇陵多方筹款，并在河北易县的清西陵结庐守陵三年之久。梁鼎芬还是近代著名诗人、收藏家和书法家，著作与收藏甚富，与曾习经、黄节、罗惇曧并称为"岭南近代四家"。

王树枏与梁鼎芬都曾担任过书院主讲，且都喜欢诗文，志趣相投，很快成为好友。我们无从知晓的是，王树枏晚年的清朝遗老情结，有多少是来自梁鼎芬的影响呢？

柯逢时是湖北大冶人，进士出身，最为人称道的是他在理财方面颇有些能力。张之洞也是看中了这一点，刻意加以栽培。作为江苏候任知府，柯逢时担任金陵防营支应局提调和转运局提调，是张之洞倚重的财税钱粮方面的重要助手。

日后，柯逢时也算官运亨通，历任江西按察使、湖南布政使、广西巡抚、兵部侍郎、督办八省膏捐大臣等职。柯逢时虽是理财能臣，办过不少实事，但在晚清这样风雨飘摇的乱世，注定只是昙花一现而已。柯逢时晚年赋闲湖北武昌，研究医学，开办医馆、校刻医书，也算是民国初年医界名人。

在与柯逢时的频繁交往中，王树枏增长了许多财税、钱粮方面的见识，对他日后在甘肃、新疆等地施政理财多有助益。

黄遵宪是广东嘉应人，中举后不顾家人反对，放弃科举仕途。一八七七年，经翰林院侍讲何如璋推荐，出任驻日本参赞，后又历任驻美国旧金山总领事，驻英国二等参赞，驻新加坡总领事等职。

在十几年的外交生涯中，黄遵宪全方位考察了日本及欧美国家的历史及现状，撰写了多部著作。其中《日本国志》共四十卷，五十余万言，是近代中国研究日本的集大成之作。驻法国公使薛福成对黄遵宪所著《日本国志》十分欣赏，为此书作序。

一八九四年中日甲午战争后，黄遵宪回国担任江宁洋务局总办，后投身于康有为的维新变法运动，先后与梁启超、谭嗣同创办《时务报》，协助湖南巡抚陈宝箴推行新政，开办湖南时务学堂，培养造就了蔡锷等一大批新式人才。黄遵宪还是著名诗人，主张以新生事物熔铸入诗，有"诗界革新导师"之称。

王树枏在与黄遵宪的频繁交往中，了解了许多日本及欧美国家政治、军事、历史、文化等情况，眼界为之大开。后来，王树枏在陕甘幕府期间，撰写了多部关于欧洲的著述，在一定程度上也得益于这段时间与黄遵宪的探讨与交流。

正当王树枏在两江幕府与诸位幕友"朝夕过从甚乐"之时，数千里外的甘肃河湟地区正经历着一场突发的战事。此时的王树枏未曾想到，这场战事竟然开启了自己此后十几年的西北边宦生涯。

数月之前，甘肃河湟地区爆发了大规模的回民暴动，朝廷急忙派兵镇压，但战事进展并不顺利。时任陕甘总督杨昌濬请求军火支援。

两江总督张之洞先是在上海组织军火，之后致信王树枏，派他与副将施焕一起押运军火前往甘肃兰州。

两江总督署人员众多，为何押运军火的差事要派到王树枏头上呢？张之洞如此安排自然有他的考虑。

就在数日前，朝廷降旨，新疆巡抚陶模署理陕甘总督，原任陕甘总督杨昌濬革职留任。

在张之洞看来，陕甘地区虽然地处偏远，条件艰苦，但对于被革职的王树枏来讲，或许是他东山再起的一次机会。况且自己的学生陶模刚刚署理陕甘总督，身边正缺人手，此时派才干出众的王树枏前去，也可助陶模一臂之力，可谓一举两得。

就这样，刚来南京四个月的王树枏，还没来得及好好领略一下这六朝古都的诗情画意，便又匆匆踏上了西去的征程。

虽然王树枏在两江幕府的时间短暂，但他终生不忘张之洞的知遇之恩。

王树枏晚年受张之洞家人之托，担负起整理张之洞全集的重任。他聘请萧延年、黄维翰、林世焘、孙家栋、阳江楫等名士以及自己的家族成员王树桂、王树朴、王树森等人，耗时十余年时间，编纂完成了《张文襄公全集》。

全书共二百二十九卷，包括张之洞的奏议、电牍、札记、诗词、骈文、书札等诸多内容，计二十函一百二十册，堪称一部鸿篇巨制。此书成为研究中国近代史不可或缺的重要历史文献。

第四节 风雪西征

一八九六年，清光绪二十二年，正月。

位于河南、湖北、陕西交界处的水陆码头荆紫关，家家户户挂起红灯笼，门上贴了大红春联，大街小巷鞭炮声此伏彼起，不绝于耳，一派热闹的过年景象。

荆紫关镇形成于唐，兴盛于明清，自古为兵家必争之地。由于"一脚踏三省"的特殊地理位置，历史上才有了那句耳熟能详的成语：朝秦暮楚。

在江畔的馆驿中，王树枏伫立窗前，望着江面若有所思。想起数月前乘船前往南京之时，匆匆路过此地，夜宿泊船之上，还曾赋诗一首：

> 深山无人夜泊舟，短篷欹斜低打头。
>
> 滩声绕梦作风雨，起视明月悬银钩。

未承想，才几个月光景，竟又路经此地。虽是故地重游，而此时的心境与数月前已大相径庭了。

王树枏此次押运军火，从上海起航，走水路西行，到达荆紫关时恰逢新年，便在此度岁。

稍事休整之后，王树枏命人将军火卸下船，改换骡驼，走陆路继续西行。

王树枏一行人经西安、咸阳、乾州，过永寿、邠州、长武，走泾州、平凉，一路涉沟过壑，穿山越岭，很是辛劳。在穿越绵延千里的黄土高原时，那独特的壮阔景象和风土人情给王树枏留下了深刻印象：

> 陶穴遗风尚未亡，蜂房蚁户各相当。
> 横峰积雪连云白，大野飞沙带日黄。
> 近塞人烟常寂寞，异乡筝笛更悲凉。
> 山城斗大萧条甚，下马登垆索酒尝。

越往西走，越是荒凉，风雪为伴，路途愈发艰辛。去年以来的战事，至今仍未停息。目睹百姓流离失所，苦不堪言，王树枏很是忧虑。他在冻饿交加的路途之中，以诗寄情，企盼早日结束征战，还百姓以太平岁月：

> ……
> 去年事征战，冬尽尚干烈。
> 哀哉万人命，身委虎狼穴。
> 朔风吹层冰，手足或堕裂。
> 而我苦行役，万里走险绝。
> 十日九冻饿，严夜枕凉铁。
> 微躯岂足惜，所虑坤轴折。

> 天心或悔祸，宇宙变清洁。
>
> 化为银汉水，一洗犬羯血。

翻越六盘山，又经过静宁、会宁、安定等地，王树枏于一八九六年正月底抵达兰州城。

位于黄河岸边的陕甘总督署，最早是明朝开国皇帝朱元璋第十四子朱瑛的肃王府，清康熙年间辟为巡抚衙门，乾隆二十九年改作陕甘总督衙署。

王树枏来到陕甘总督衙署的大门前，抬眼望向三座辕门，但见正中匾额上书"宪纲文武"四个字，东西两侧辕门则分别悬挂"节制三秦"和"怀柔西域"的牌匾。仅从这十二个字牌匾，便可知晓当时陕甘地区的战略地位可谓举足轻重。

王树枏入府拜见已革职留任的陕甘总督杨昌濬。看着眼前这位面容疲惫、年逾七旬的老人，王树枏很难将其与当年那个屡立战功的湘军将领联系在一起，不免心生感慨。

杨昌濬，字石泉，湖南湘乡人，是曾国藩的同乡。早年跟随罗泽南组织团练，后随左宗棠在浙江等地与太平军作战，屡立战功，官至浙江巡抚。

一八七三年，因浙江余杭"葛毕氏谋害亲夫案"即杨乃武与小白菜一案，杨昌濬被朝廷革职。后来，左宗棠西征平定陕甘回民暴动，上奏朝廷请求调杨昌濬主持后路军政事务，获批准。因帮办左宗棠平定陕甘和收复新疆有功，杨昌濬又被启用，先后出任甘肃布政使、漕运总督、闽浙总督等职。一八八八年二月，调补陕甘总督，一八九四年赏太子太保衔。这次因平定陕甘回民暴动不力，又被朝廷革职，成为在晚清政坛两次被革职的督抚大员。

拜见过杨昌濬并交卸军火公务后，王树枏便留在兰州，静待新署总督陶模的到来。而此时陶模还在千里之外的大漠之中艰难跋涉。

早在去年十月初四日，陶模接军机处来电："奉旨：陶模着署理陕甘总督，即着迅速赴任。"

十月廿日，又接军机处电："陶模现署甘督，疏通饷道为第一要义，如能再带数营入关，沿路剿抚，更资得力，着该抚斟酌妥办。"

陶模交卸了新疆巡抚任上的军务、政务，于十二月初四日奉旨启程前往兰州。抽调的步队二营一旗、马队二营三旗、炮队一哨，随同东进，沿途相机剿抚。一路之上，遇有州县官员渎职懈怠者，随时撤换，以整肃吏治。

一八九六年三月，陶模抵达甘肃省城兰州，次日便接印视事。

处理好手头的急务，陶模便命人请王树枏入府一见。

王树枏此前并未见过陶模，但初次谋面却有一见如故之感，二人相谈甚欢。

此时陶模府中除次子陶葆廉外，少有帮手，因而诚请王树枏尽快入府，专门办理奏折事宜，王树枏欣然答应。

一八九六年四月，王树枏正式入驻陕甘幕府，由此，开始了又一段的幕府生涯。

第五节　陶模幕府

> 溪抱僧居小，林藏细路斜。
>
> 鬓丝无限意，重为惜年华。

　　这首优雅细腻的小诗名为《寿生寺晚步》，作者是晚清时期曾手握重兵，管辖着陕西、甘肃、青海、新疆广阔地域的封疆大吏陶模。

陶模

　　陶模是浙江秀水（今嘉兴）人，字方之，自幼家贫，读书刻苦，诸子百家无一不窥。

　　由于太平军的原因，陶模年少时颇为颠沛。当比他小两岁的张之洞考中探花入翰林院时，陶模一家人还在清军与太平军激战的江浙一带四处躲避迁徙。

　　一八六七年六月，三十三岁的陶模参加浙江乡试。正是这次乡试，成就了张之洞与陶模的师生情谊。

　　此时张之洞担任浙江乡试副考官。当他见到陶模的文章时，十分欣赏，力排众议，予以破格录取。次年会试，陶模金榜题名，中进士，入翰林院。

一八七一年，陶模补授甘肃文县知县，由此开始了长达近三十年的西北边宦生涯。他先后任皋兰知县、秦州知州、迪化（今乌鲁木齐）知州、宁夏知府、兰州道、甘肃按察使、陕西布政使、陕西巡抚、新疆巡抚、陕甘总督等职。

陶模为官专心务实，以清廉干练闻名。他任秦州（今甘肃天水）知州时，用自己的俸禄设立粥场救济灾民，又筑堤修坝，治水兴农，所修堤坝被当地人称为"陶公堤"。署理甘州（今甘肃张掖）知府时，他设法豁免各县供奉，减轻地方负担，被左宗棠誉为"治行第一"。担任新疆巡抚后，他在罗布淖尔（今罗布泊）北筑蒲昌城，南设屯防局，组织民众在此地开发、定居。英国人侵占大清藩属、战略要地坎巨提，陶模与英方反复交涉，迫使英国将此地归属清廷，之后陶模练兵筹粮，严密防守。俄国人强借巴尔鲁克山，逾期不还，陶模据约力争，终将领土收回。担任新疆巡抚以来，他力主对穆斯林以安抚为主，组织民众学习汉语，注重各民族间的沟通交流，使民族关系得以缓和。

陶模为官谦逊简朴，出门从不前呼后拥，时常只带一两名随员。他为官以来，从不带眷属，只是在担任新疆巡抚后，才让他的次子陶葆廉只身来到新疆随侍。

陶葆廉生于一八六二年，字拙存，自幼好学，博览群书，对史学、舆地、医药、西学、算学都颇有研究。一八九一年，陶模出任新疆巡抚后，陶葆廉从内地前往新疆，沿途跋山涉水，行程万里，所到之处，详细考察当地的地理形态、户口变迁、风俗物产、民族宗教、地方政治、城邑沿革、异闻传说，并以日记方式记录下来，著成《辛卯侍行记》。这部著作被公认为近代西北史学的一部力作，有着很高的历史价值。

陶葆廉一生淡泊名利，倾向维新，博学多识，被称为硕学通儒。一九〇二年代理浙江大学堂总理，后又被朝廷召入内庭，授陆军部军机司郎中，辛亥革命后寓居上海，晚年参与编纂多部志书。一九三七年，抗日战争爆发，陶葆廉愤疾交加，在浙江桐乡去世。

近代曾有人将陶葆廉与陈三立、谭嗣同、吴宝初并称为"清末四公子"。当然，这只是多个"清末四公子"版本之一。

陶模署理陕甘总督后，陶葆廉又跟随父亲来到了甘肃兰州，因与王树枏志趣相投，二人很快成为好友。

王树枏在陶模幕府主要负责起草奏折及处理大量文牍，陶模的许多信件也委托王树枏代为起草。在王树枏的《陶庐笺牍》中，王树枏收录了多篇代陶模起草的信函，诸如《代陶制军复张香涛师》《代陶制军致翁叔平尚书》《代陶制军致何建威》《代陶制军致魏午庄中丞》《代陶制军致各省督抚》等大量函件，足见陶模对他的倚重和信任。

在与陶模父子的交往中，王树枏的眼界得以进一步放宽。他的目光从内地看向了西北边陲，从国内看向了国外。

这期间，王树枏阅读了大量的外国著作，从种族、文化、政治、历史等多个维度进行研究，撰写了《彼得兴俄记》一卷，《欧洲族类源流略》五卷。其中，《彼得兴俄记》从帝系、游历、变法、军政、商务、平内乱、土耳其及瑞典诸国战事、教会、逸事等九个方面，探寻俄国变法成功经验，力图为我所用。《欧洲族类源流略》将英、法、德、俄、波等欧洲诸国，以及土耳其、叙利亚等与欧洲地缘和文化渊源接近的亚洲国家，按种族划分，溯源辨流，试图从本质上找出中西文化的差距与融合之处，确定中国文明的历史地位。

之后几年中，王树枏还先后撰写了《欧洲列国战事本末》《希腊学案》《希腊春秋》等多部著作。通过这些著述可以看出，王树枏的思想在甲午战争后发生了明显变化，在学术上开始由经学转向史学。他试图通过研究欧洲的历史，探寻西方文明的发展路径，为大清朝的"中体西用"提供借鉴，使之摆脱内忧外患，焕发生机与活力。

一九〇〇年二月，陶模离开兰州，进京陛见。闰八月，陶模调补两广总督，两年后病逝于任上。

陶模离开兰州之时，王树枏赋诗四首深情送别，其中一首诗中写道：

> 凤庐麟殿称觞岁，犀带蝉冠入觐年。
> 双剑倚云开汉塞，万笳吹雪出胡天。
> 传闻密诏宣韦澳，记取耆臣待李先。
> 此去一身天下系，不须愁绝陇头弦。

诗中的韦澳是唐朝中后期名臣，曾任户部尚书，以清廉正直、不肯攀附权贵而闻名；而李先则是北魏时期的大臣，曾在北伐柔然中立下大功，九十五岁高龄去世。在这首诗中，王树枏充满了对陶模的崇敬之情和真诚祝福。

王树枏晚年将自己的书斋命名为"陶庐"，并自号为陶庐老人，以示对陶模的纪念。

第四章 复起陇上

凡公所至，以剔弊为先，便民为亟，而公家收入，无不骤增。故所至民喜，所去民思。

——尚秉和

第一节 开复原官

> 落日下平田，荒墟起暮烟。
>
> 归耕喧晚市，远树入寒天。
>
> 野火煨山芋，秋风老木棉。
>
> 迢迢望闾里，今岁倘丰年。

这是一八九七年秋天，王树枏途经直隶馆陶县时所作的一首诗。从沟壑纵横、人烟稀疏的大西北，来到一望无垠、沃野千里的华北平原，王树枏倍感亲切与欢愉，秋日的田园风光在他的笔端颇有些诗情画意。

去年十月，身为北大通一役中的有功人员，王树枏由陕甘总督陶模保举，开复原官，留甘肃省补用。

三个月后，陕西巡抚魏光焘向朝廷奏报全省回乱肃清，保举王树枏为候补直隶州知州，经部议行知在案。按惯例，被保举的官员要赴京引见，因此，王树枏才有了这趟北京之行。

王树枏抵达京城后，先前往吏部报到，随后依惯例由吏部官员引领觐见皇上。

在京城忙完公事，王树枏顺路回到直隶新城县老家看望自己的母亲。从一八八七年离开家到四川为官，至今已有十余年未能回到故乡。这次回归故里，激动与兴奋之情自不待言。

回新城省亲之后，王树枏辞别故乡家人，取道河南开封前往甘肃。

他之所以特意途经开封，是为了看望长子政敷，此时政敷已是河南候补知县。

在开封小住并拜见过河南巡抚刘树堂后，王树枏一路西行，于次年正月初八日回到兰州，仍居陕甘幕府。

一八九八年对于大清朝来说可谓多事之秋。从六月开始的戊戌变法仅仅经历了百日，就在九月戛然而止。光绪皇帝被囚禁，谭嗣同等"戊戌六君子"被杀，康有为、梁启超逃往国外。同样是在这一年，清廷与西方诸国签订了多个不平等条约，其中包括与沙俄签订《旅大租地条约》，后又增加六款，使旅顺大连乃至整个东北成为俄国人的势力范围；与德国签订《胶州湾租借合约》；与法国签订了《中法互订广州湾租借条约》；与英国签订了《威海卫租借专条》以及《展拓香港界址专条》，租借"新界"九十九年。

面对内忧外患，一些朝廷重臣和地方大员都在千方百计寻求强国富民之良策。

陕甘地区的回民暴动虽然平定，但连年战事使西北地区经济社会遭受重创，民生凋敝，百姓苦不堪言。

王树枏在《丙申纪事三首》诗中，用五百余字记录了战乱给百姓带来的疾苦。诗中"至今孑遗黎，流亡未归耕""无衣复无食，哀此黎与氓"便是对百姓之苦的生动写照。

为尽快恢复陕甘地区的生机，陕甘总督陶模奏请朝廷，选派了一批颇具才干的官吏到州县任职，其中也包括王树枏。

一八九八年底，陶模命王树枏署理中卫知县，七个月后，又奏请朝廷补授中卫知县。

奏折中说："王树枏精明练达，实心任事，以之请补中卫县知县，实堪胜任……"朝廷照准。由此，王树枏便以正五品候补知州衔担任了中卫知县。

中卫县当时隶属甘肃省宁夏府。由于黄河横穿县境，中卫县水资源十分丰沛。但因官府财力匮乏加之多年战乱，致使境内沟渠堤坝年久失修，水患频发，农田遭受洪涝之害，百姓时常承受洪灾之苦。

临行前，陶模叮嘱王树枏道："自古黄河富宁夏。中卫县内有大小二十余条河渠，唯有七星渠为最大。但受山河之害，已经废弛了八九十年。因为修渠工程量大而且难，历任知县未敢轻动，至今未能修复。你到任以后，要亲自踏勘，看是否能够修复，据实向我报告。这是关乎国计民生的重要之事，我之所以委任你署理此缺，正是为此目的。"

王树枏回复陶模道："天下没有不可为之事，只怕人不敢为，而非不能为之。"看到王树枏如此胸有成竹，陶模笑而颔首。

一八九九年春节刚过，王树枏便启程前往中卫县赴任。

出兰州城向东北行进，村庄渐少，人烟渐稀，偶见放牧牛羊的牧民，有时走一整天才能见到一个村庄，却常常是房屋破败、十室九空。冒着时而飘落的飞雪，顶着遮天蔽日的沙尘，想想自己这两年万里跋涉，东去西归，革职罢官，又忽被起用，不免心生感慨。他用一首长诗记录了一路之上的所见、所闻、所思：

出城东北徂，迤逦千山屯。
莽莽无人居，时见牛羊群。
驰驱尽日力，始睹炊烟痕。
十室八九空，败屋余颓垣。
主人致殷勤，炕以膻秽熏。
鸡鸣出长城，跌荡天无垠。
二月草不芽，小雪时霏银。
行行入戈壁，石与沙飞翻。
大块逞噫气，白昼日色昏。
女娲老益狂，年年土搏人。
顽山如死虺，首尾蜿蜒蟠。
黄流出山底，驶若逸马奔。
近城辟佳境，人物渐滋繁。
辍装息寒魄，夜以浊酒温。
年来苦行役，南北摧蹄轮。
朽木不受雕，枯枝忽逢春。
我生值末世，一官走风尘。
捧檄何足喜，家有白发亲。
书之寄何子，兼告陶征君。

这首诗是王树枬寄给好友何善孙和陶葆廉的。从"我生值末世"一句看，此时王树枬或许已预感到大清江山时日无多了。

第二节 中卫治水

> 长堤短堤西复东，小鞍大蹬摇青骢。
> 困人天气正无赖，披面吹来杨柳风。

这是王树枏一八九九年春天勘察中卫七星渠时作的一首小诗。

七星渠的名称最早见于明《宣德宁夏志》。据记载，该渠始建于汉武帝时期，是宁夏最古老的引黄灌渠之一。另据清乾隆《宁夏府志》记载，七星渠的渠口在泉眼山下，流经白马、张恩段，至张恩堡入黄河，长一百四十里，共浇灌农田七万九千一百六十亩。

王树枏接任中卫知县后，先是召集当地士绅，详细了解七星渠的兴废缘由，随后带领同宁安巡检童爱忠等人，渡黄河前往宁安堡，实地勘察七星渠工程现状。

王树枏反复踏勘后得知，七星渠有四个地段时常遭受山洪之害，分别是渠口、小径沟、丰城沟和红柳沟。其中，最为要紧处便是渠口之南的清水河。

清水河源出平凉，从固原县流入中卫县境，当河水暴涨之时，泥沙俱下，几乎每年都会造成水灾。倘若不将此处治理好，不仅黄河之水不能入渠，还将威胁到下游的小径沟。

小径沟受山洪之害也已损毁多年。顺渠而下，另一紧要处便是红柳沟。红柳沟过去修有暗洞，自清道光年间被洪水冲毁后，至今未能修复，致使鸣沙洲以下三四万亩农田全部荒废。

修复七星渠，需要修筑多座堤坝，重修暗洞，疏通河渠，所需人工及费用不菲，以当时中卫县之财力，实难承受。

经反复斟酌并与多方商议，王树枏提出五条修渠之法：

其一，在渠口处修进水闸三座，退水闸三座。山洪暴发时关闭进水闸，开退水闸，将山水泄入黄河，不让洪水入渠。同时效仿在四川青神的做法，修筑挑水矮坝，当洪水过大，泄之不及时，可从矮坝上翻过入黄河，这样可防止洪水冲毁坝体。

其二，小径沟改修飞桥，使渠水从桥上流，山洪从桥下走。

其三，红柳沟重修暗洞，使山洪从洞上流过，而渠水从洞中流出，以灌溉白马通滩。

其四，丰城沟、双阴洞工程量较小，修补即可。

其五，关于修渠经费，采取仓粮变价之法，渠修成以后，由认领耕地的农民按地亩数摊还，这样，不花费国家一分钱，而百姓官府均能受益。

此修渠议案上报后，总督陶模甚为满意，立即批准执行。同时，还同意派出四旗兵勇协助修渠。

一九〇〇年春，重修七星渠工程开工。王树枏亲自督建，委员分工督作、各专责成，调配有序，工程进展颇为顺利。

四月，渠口处三座进水闸和三座退水闸修成；六月，小径沟飞桥建成，并开挖大渠八十二里，在鸣沙洲中段新开垦农田四十余顷。

正当修渠工程如火如荼之际，在北京发生的两件大事也波及了远在西北的中卫县。

一八九八年，山东、直隶一带兴起义和团，至一九〇〇年已成燎原之势。清廷对待义和团的态度先是镇压，而后是招抚，进而放义和团进入北京抗击洋人，与洋人宣战。

怎奈血肉之躯难挡洋枪洋炮，大清战败，慈禧太后和光绪帝逃往西安，八国联军攻占北京，这便是人们常说的义和团运动和庚子国变。无奈之下，朝廷只能命庆亲王奕劻、文华殿大学士李鸿章与洋人议和。

为躲避战乱，王树枏的母亲在五弟树棠的护送下，于一九〇〇年八月十六日抵达中卫县，与王树枏团聚。

其时，距京师千里之外的大西北也难以清静，陕甘地区也闹起了义和团。几个月前才署理陕甘总督的魏光焘致函王树枏，将在中卫县协助修渠的清军调往平凉，防堵义和团西进。

在甘肃北部，山西的义和团从包头进入宁夏府，当地很多民众也习练起了义和拳。不多日，义和团便进入中卫县境内。

此时王树枏很是担心。陕甘回民暴动刚刚平定，如果义和团鼓动当地民众拿起刀枪，则百姓又将经历战乱之苦。他当机立断，明文通告全县，不准民众习练义和拳，有敢容留并习练义和拳者，从重惩办。同时，他暗中密信禀告总督魏光焘，请求通饬全省，对义和团尽快惩治，以确保全省之安定。

不久之后，朝廷下旨取缔义和团，总督魏光焘也要求各道府遣散义和团，王树枏这才安下心来。因为他明白，若没有朝廷旨意和督抚的通饬，自己或将获罪了。

一九〇一年春，王树枬命人在七星渠红柳沟旁建起了三间房。从四月开始，这里就成了他的办公场所兼居所。平日里办理公文，处理诉讼，接待上司，衣食住行皆在这三间陋室之中。

一有闲暇，王树枬便打一把布伞，穿行于七星渠的各个工地之间，督促修渠进度，检查施工质量，现场解决遇到的各种难题。

经过七个月的紧张施工，红柳沟暗洞修成。至此，从渠口至红柳沟段的工程竣工，消除了山水对七星渠的威胁。

接下来的难题是六七十里外阻挡渠水的一座土山，如能将此土山打通，下游便是五十余里的平坦之地。这座土山工程量大，开凿起来颇为棘手。

王树枬认为，过去派兵勇协助修渠，看起来似乎省钱，实非良策。一则军队需要数量不菲的助饷津贴，二则军人不完全受地

中卫七星渠申滩进口闸（七星渠管理处提供）

方节制，难免扰民。

经反复思忖，他提出了新的办法：以助饷津贴一项改雇民夫，这样一来，既无旷日之工，又省无名之费，上报后获准。

于是，依照按亩出夫的办法，每二十五亩出一个人，共组织一千二百名民夫，每人每日发银一钱为伙食费，开始了挖掘土山的工程。至一九〇二年八月，打通了土山，开通大渠八十余里，七星渠自此告成。

随后，在王树枏主持下，订立七星渠管理章程，公布于众，永远遵循。

看着渠水畅流，荒田尽成沃壤，王树枏甚是兴奋，赋诗以记之：

中卫七星渠老渠口进水闸、退水闸（七星渠管理处提供）

万顷芳田若镜开，稻孙秧母及时栽。

世间霖雨寻常事，此水原从天上来。

据晚清著名学者尚秉和所撰《故新疆布政使王公行状》一书记载，中卫县民众感念王树枏修七星渠之功绩，为他"建生祠，定期和会，求签问卜，传为佳话"。当然，这都是他离开中卫县以后的事情了。

当代著名史家王维庭先生所著《王晋卿先生传略》一书中说："先生知民之所利，尤在兴水利。……其兴水利，功巨而费不繁，而利尤溥者，为治中卫修通七星渠。渠长百余里，废置且百年，分四段疏治，曲中要害，历二载渠成，使数十里之农田，皆变膏腴。"

二〇一七年，包括七星渠在内的宁夏引黄古灌区，成功申报为世界灌溉工程遗产并授牌。毫不夸张地说，在七星渠两千多年的历史画卷中，王树枏为其添上了浓墨重彩的一笔。

第三节 擢升道台

一年行万里，残腊尚风尘。

笳鼓连边塞，关河滞客身。

天涯增白发，雪后见青春。

料得金闺内，归程计远人。

从时间上推算，这首诗应是王树枏一九〇三年底所作。诗中所说"一年行万里"并非虚言，在这一年中，他进京陛见，回籍省母，兴安查案，补任道员，万里奔波，十分忙碌。

在王树枏的诗集中，这一年的诗作有五十篇之多，几乎全部作于路途之中。其中，函谷关、华山、崆峒山、六盘山、清凉山、老君山、大像山、白腊峡、白水江、子午谷以及新安、陇西、巩昌、秦州、兴安等地，都留下了他的足迹与诗篇。

凭借在中卫知县任上的优异表现，王树枏被荐大计卓异。

一九〇二年，曾担任过甘肃布政使的岑春煊署理四川总督。在甘肃履职之时，岑春煊就对王树枏颇为欣赏，督川后，亟须此等实心任事之人，因而上奏朝廷，请求将王树枏调往四川以道员补用。

一九〇三年春，恰逢朝廷开经济特科。陕甘总督崧蕃、四川总督岑春煊、工部左侍郎唐春卿等人向朝廷保荐王树枏应试经济特科。

早在戊戌变法之时，贵州学政严修上奏朝廷，请求仿照乾隆年间的博学鸿词科设立经济特科，以选拔"洞达中外时务"的人才为朝廷所用。后因变法失败，此科未及实施便被废除。庚子国变后，施行新政之声浪甚嚣尘上，经慈禧太后允准，恢复了经济特科，定于一九〇三年举行首次考试。按规定，应考经济特科者必须由各部、院长官及各省督、抚、学政保荐，由此看来，获得应试资格也并非易事。

一九〇三年三月，王树枏交卸了中卫县公务，启程前往北京。这次进京只为两件事，一是依惯例大计卓异赴京引见，二是准备应试经济特科。

王树枏跋涉数千里到达京师，由吏部官员引领觐见皇上，这已经是他六年内第二次进京引见了。

陛见后，依朝廷旨意，王树枏以道员仍发甘肃省补用，不再应试经济特科。

六月，王树枏出京，顺路到新城县老家探望母亲。三年前，王树枏的母亲为躲避战乱，到中卫县小住，次年便回归故里。

王树枏在新城县老家住二十日后，绕道河南新郑，看望了署理新郑知县的长子政敷。

对于儿子政敷能署理新郑知县，王树枏颇感欣慰，高兴之余不忘嘱咐提点，赋诗曰：

明镜朝来看鬓丝，秋风万里动归思。

平时栗里家何在，乱后桃园路更歧。

壮不如人今老矣，我思好爵尔縻之。

手传治谱由来久，清白声名慎护持。

在新郑小住数日，王树枏启程西行，于八月初回到甘肃。

九月，王树枏奉命到陕西兴安察钦案，十二月回到甘肃省城。此时总督崧蕃已经奏请朝廷，委任王树枏为平庆泾固道道员。这里所说的平庆泾固分别是指平凉、庆阳、泾州和固原。

在清朝，官阶分为"九品十八级"。道员又叫道台，是省与府之间的地方官员，官衔为正四品。有的道员只管辖一府，如兰州道，只管辖兰州一府；有的道员要分辖三四个州府，比如王树枏所担任的平庆泾固道，就要管辖平凉、庆阳、泾州和固原等多个州府。

本以为春节后便要去平庆泾固道上任，未承想总督崧蕃又派王树枏前往秦州（今天水），署理巩秦阶道，即管辖巩昌、秦州、阶州的道员。

一九〇四年二月初十日，王树枏抵达巩秦阶道衙署所在地秦州，接印视事。到任后，王树枏做了不少利民之事，例如将陇南书院更名为甘南中学堂，保留原有国学课程，加授现代科学文化知识。

署理巩秦阶道近三个月后，王树枏回到省城兰州交卸署理之职，随即赶赴平庆泾固道本任。

当王树枏抵达设在平凉的平庆泾固道道台衙署之时，心中平添了几分凉意。只见府内三堂皆被焚毁，已破败两年有余，一直未修复。街巷之中也是满目疮痍，残破不堪。

王树枏将自己的养廉银捐出，重新修建被焚毁的衙署；整顿吏治，强化治安，减免税负，鼓励工商，平庆泾固地区的经济逐渐恢复了生机。为了改良教育，王树枏将位于平凉的柳湖书院改办为陇东官立中学堂，推行近现代教育，并亲任教习。这所陇东官立中学堂，就是如今平凉一中的前身。

时光飞逝，转眼又一春。这日雨过天晴，难得有闲的王树枏登平凉崆峒山，驻足山间亭台，遍览苍郁峰峦，感受鸟语花香，欣然赋诗：

> 一日兼晴雨，诸天更郁苍。
> 亭台随处好，花草入山香。
> 室静闻清籁，峰高易夕阳。
> 神仙不可见，吾道有行藏。

只可惜，这样的闲暇时光太过短暂。不久之后，随着一纸公文，王树枏调离平凉城，去往省城兰州担起了更为重要的差事。

第四节 署理兰州

一九〇五年，清光绪三十一年，七月。

入夜后的兰州城凉风习习，甚是舒爽，几乎让人忘却了白天的烈日炎炎。

位于南府街的兰州道台衙门签押房内，新署兰州道的王树枏端坐书案前，神情专注地撰写拟呈报督抚的公文。呈文要义是：请求在甘肃全省实施大布统捐和改厘为税之策，以摆脱本省的财政困境。

甘肃虽然地域广袤，但交通不畅、土地贫瘠，加之多年战乱，官府钱粮入不敷出，每年全省厘金收入只有区区四十万两上下，相较于江苏、广东等省份每年数千万两的税赋收入，简直不可同日而语。为此，甘肃各级官员时常感叹巧妇难为无米之炊，各级府衙为了钱粮之事左支右绌，举步维艰。

当时，甘肃全省的厘金统归兰州道管辖，此前由于管理不善且积弊日久，偷、漏税和中饱私囊之事屡禁不止，甚至有愈演愈烈之势，亟须大力整饬。

一九〇五年四月，蒙古镶黄旗大臣升允调任陕甘总督。升允素闻王树枏精明干练，实心任事，因而到任后不久，便檄调王树枏署理兰州道。

　　王树枏到任后，微服简从，查访实情。他走厘税关卡，访买卖商户、问货运脚夫，查官吏行止，在认真研判的基础上，拟定了三条应对之策，报请督抚批准后实施：

　　其一，从布匹交易入手，规范厘金征收。针对布匹运输交易过程中普遍存在的关卡过多、重复征收、脚夫偷漏、差役贪墨等弊端，实行"大布统捐"之法。

　　鉴于甘肃的布匹一向都是由陕西的三原、凤祥等地运输入境，王树枏提出：在三原设立统捐局，在凤祥府城设立分局，入境处设置关卡，货物入关时，征收入口税，并盖章标记，从入境开始，照单查验，无论运往何处，只要不出甘肃省，只收落地税一道，不再重复征税；降低税率，商人每卷布少缴税金一至二两，用以补偿运输费用；裁撤以前的征税关卡，精减征税人员，允许统捐局下属征税机构在税金中提扣一小部分款项，用于发放津贴。

　　王树枏在给督抚的呈文中说：

　　夫明大体者不惜小费，凡事皆然，而财政尤要。今改办统捐，在商则化散为整，减去厘金两道有余；在官则化暗为明，增出平费七成以上。……拟请破格体恤，明定津贴，此外再有需所分文者，系官员司事撤革参办，系书巡丁役枷杖治罪，仍令倍追赃款，并将失察故纵之员分别严议。似此重赏在前，峻法在后，稍有天良必不至营私玩法……

　　照此办法实施后，收效显著，每年仅大布一项的厘金收入就多出二三十万两。

其二，其他一切百货改厘为税。王树枏在走访中发现，珍珠、麝香、燕窝等物品税负极重，致使偷、漏税严重，几乎无一缴税。

为此，他提出对所有商品施行改厘为税的办法。具体为：所有货物均按上、中、下三等定税，不再细分等级。请示在西安省城设立百货统捐局一所，在略阳、安边两县城各设统捐局一所，并明确各局兼查布匹及百货，以节约经费。在货物入关时，征税者均要进行抽查，如发现下等货物中藏有上、中等货物，按照十倍金额重罚。要求商户自定所走路径，不得偷绕其他地方躲避征税，违者重罚。原来设立的所有分卡一律撤销，所需费用由省里承担，以显示官府的信誉。货物入甘肃境内以后，也只收落地税一道，不再重复征税。此外，还就挑选厘税官员之事做了安排。

王树枏在给督抚呈文中写道：

现在各省设局，事属创始，必须慎选熟谙商务，心地诚朴，才具优长者，委以斯任，方能联络商情，诸臻妥善。今拟派候补道为三原大局总办，再拣派候补佐班二员分司局事。

从开始实施此法到王树枏卸任的八个月时间，共征缴税金一百二十余万两，是上年全年厘金的三倍之多。

其三，设立蒙盐局，以盐生财。与甘肃宁夏府毗邻的阿拉善地区素以产盐闻名，察汉布鲁库克盐池广袤八十余里，所产大青盐行销甘肃全省及陕西的兴安、汉中、凤祥等多地，引地甚广，销路很宽。往年，此地出产的大青盐都是由商人张全兴领帖承销，到光绪二十二年，盐池拥有者阿拉善王因借债难以偿还，遂将盐池租给张全兴，租金是每年九千两，其中一半租金抵偿借款。

一九〇五年底，阿拉善贝子塔旺布里甲拉来到兰州，王树枏与他谈起了盐池之事。在问过盐池的经营状况以及租金数额之后，王树枏对贝子言道："可否将盐池改租与公家，我每年出租金一万两，如何？"贝子听后大悦，当场应允，双方订立了合同。

之后，王树枏与候补道杨增新一起研商了经营之法并上报总督升允。

王树枏提出的办法是：官商合办。官局先筹集资本十万两，以官六商四的比例出资，采用官督商办之法予以经营。收支账目按月造报，经营款项按年清算，官商互相牵制，互相监督，互不欺瞒。官府设立蒙盐局两处，中卫一处，一条山一处。在中卫、一条山由官府各派笔帖式一名，专门负责蒙盐称重之事，其薪资由官局开支。税局和盐局设在同一个地方，互相稽查，相互监督，不允许一人监管两局。盐税只准在官局收一次，其他任何地方都不能重复征收，税银数额依照章程减半征收。由盐池到蒙盐局只准蒙民驼运，运费优厚，使他们享此专利。回汉盐商只可到盐局贩运，不能私自进入盐池运盐。

升允对王树枏提出的方案甚为满意，允准施行。创立蒙盐局两个月后，官府所收税银就比过往一年的数额多出了一倍。

正当王树枏在兰州大展拳脚之际，一九〇六年四月，朝廷降旨，王树枏升任新疆布政使。

他交卸了兰州道台任上的公务，又前往西安拜别了住在五弟树棠寓所的母亲，随后匆匆启程，踏上了去往西域边陲的征程。

第五章　施政新疆

后又布政新疆，兴利除弊，中外悦服，至今西人言及者，每与左文襄同称。

——叶昌炽

第一节 西北大局

一九〇六年，清光绪三十二年秋，甘肃西部重镇嘉峪关。

在肃州知州金承荫和嘉峪关守将的陪同下，王树枏登上有"天下第一雄关之称"的嘉峪关城楼，远眺绵延于大漠之中的千年古道，回想秦汉以来的分分合合，心中甚是感慨，吟出一首大气磅礴的诗：

> 百尺高楼控大荒，客愁边思两茫茫。
>
> 千年西旅通东道，万里秦城接汉墙。
>
> 漠漠寒沙平地阔，峨峨残血暮山长。
>
> 华夷分合无穷事，望子高歌几断肠。

王树枏携家眷从兰州出发，一路西行，跋涉一千五百余里，抵达河西咽喉嘉峪关，而此地距离新疆迪化城尚有两千多里的路程。此时此地，王树枏心中充满了泱泱大国的豪迈之情。

征途漫漫，古道迢迢，一路之上，王树枏饱览大西北的异域风情，宛若欣赏一幅千年历史画卷。

他仿佛看到了圣人老子西行传道的身影，仿佛听到了定远侯班超功成返汉的马蹄声。他想到了"故相"左宗棠收复新疆之艰辛，也想到了自己此次新疆之行的使命，慨而赋诗曰：

> 山河连四郡，风雪暗三边。
> 老子辞周日，班侯返汉年。
> 夜深沙自籁，地莽水无泉。
> 故相收西域，绸缪仗后贤。

对于王树枏而言，新疆可谓既陌生又熟悉。说陌生，是因为他此前从未到过新疆；说熟悉，是因为他心中早已装下了许多新疆的事情。

当年左宗棠从阿古柏手中收复了新疆，继而又迫使沙俄归还了伊犁等地，清廷实现了真正意义上对新疆的管辖。早在一八二〇年，龚自珍在《西域置行省议》中，首次提出了新疆建省的建议，时隔六十余年后的一八八四年，清廷下旨，在新疆正式建省，统一了新疆的军政管理。

几年前，王树枏在陕甘总督幕府之时，从陶模父子口中了解了许多新疆的事情，特别是陶葆廉所撰写的《辛卯侍行记》，让王树枏对新疆有了较为详尽的认知。王树枏在《陶拙存辛卯侍行记序》中写道：

> ……凡山川关隘之夷险，道路之分歧，户口之多寡，人心风俗物产之异同，周不勤谀广稽取其事，有关于经史及体国经野之大者，著于篇……

一九〇五年，时任陕甘总督升允曾与王树枏纵论西北大局。王树枏的远见卓识让升允颇为欣赏，遂委托王树枏代为撰写一道奏疏上呈朝廷。

王树枏欣然领命，代总督升允撰写了《奏为新省边防关重，谨就管见所及预筹布置，恭折具陈仰祈圣鉴事》的奏疏。

该奏疏洋洋洒洒近两千言，详细分析了新疆当下之局势。王树枏认为，日本在日俄战争后，表现出愈发强烈的觊觎中国主权之心，而俄国早抱有侵吞亚洲之志，在中国东北及朝鲜已入日本势力范围之际，俄国人必图新疆。眼下新疆省内，经济上仰仗内地，吏治贪腐严重，官兵懒惰懈怠，官民不能互信，回汉不能团结，一旦有事，后果不堪设想。为此王树枏建议朝廷，未雨绸缪，早做打算。内修政治，外结强邻，选将练兵，整肃官吏，兴修水利，兴办实业，改善民生，增强国储。疏中言道：

新疆南北路与俄地犬牙相错者几五千余里，虽增十倍之兵，不敷防御，况军中转输之物必运诸内地及滨江沿海各省，道途之间幸而无梗，数月乃达。而俄境铁轨已逾萨马尔干，兵衅一开，朝发夕至，军机之迟速相悬若此，古人譬之厝火积薪之上，新疆之事何以异此。……为今之计，惟有内修政治，以备绸缪未雨之谋，外结强邻，以连休戚相关之谊。新疆之政治既如彼矣，自今厥后，请饬下抚臣改弦更张，选知耻之将，练有用之兵，举不贪之吏，以恩信结土民之心，以诚让弭边人之衅，广开农田水利以及金、铜、铅、铁、盐、皮、棉花、药材固有之物产，次第兴办，以便民用，以裕国储。此虽论治之常谈，而实救时之要务。

　　奏疏还分析了英俄之间的矛盾。指出印度是英国的殖民地，俄国人也处心积虑以图印度。新疆毗邻印度，对于英、俄两国都至关重要，如果英、俄在新疆境内开战，则国人必将受兵争之祸。因此，提出结好英国以制衡俄国之策：

　　臣窃谓与其有事之时，受两国兵争之祸，莫如无事之时，一面整饬内治，一面结好于英，密订合从摈俄之约。英人虽嗜利无信，然新疆之得失系于印度之安危，利害较然，彼必无不乐为我助者。……往岁中俄密约，政府受人愚弄，卒贻今日之祸，诚所谓鄙我是欲者。自古外交与内治相辅而行，均为国家之政的，伏乞朝廷惩前车之所以覆，后患之所以弭，东联日本之邦交，西缔英人之密好，速谕派往各国采访政治，诸臣及驻英钦使密与英国政府订立缓急相救、利害相同之私约，权救目前西方大局而急图自立自强之道。……近来日本游历新疆，探访俄人动静者不一而足。新疆有事，则列强哄起相与效尤，天下大事有不堪设想者……

　　对于这份奏疏，王树枏很是看中，在《陶庐老人随年录》中全文刊载。

　　此时，大清朝廷面临着错综复杂的国内外局势。革命党人孙中山在日本成立了同盟会；湖广总督张之洞、盛京将军赵尔巽、两广总督岑春煊、湖南巡抚端方等人联名奏请朝廷废除科举制；针对中美的不平等条约，国内掀起了大规模的抵制美货运动；而袁世凯仍在紧锣密鼓地推动立宪并编练北洋六镇新军……

　　至于远在万里之外的新疆，自左宗棠收复以来还算安定，大清朝廷似乎并无太多精力顾及数千里之外的边塞之地，这份颇有见地的奏疏也是泥牛入海，留中而已，令王树枏颇感遗憾。

　　或许与新疆有缘，撰写这份奏疏一年之后，王树枏便奉旨出任新疆布政使，有了治理新疆、施展自己政治抱负的舞台。

第二节 治理南疆

九霄高插碧芙蓉，雨后淋漓石气浓。

郡国俯看三十六，烟霞深护万千重。

风中剑戟惊啼狄，天上风云起卧龙。

一览应知众山小，几回相对倚吟筇。

远远望见雄伟的天山博克达峰，王树枏知道距离此行的目

新疆天山

地迪化城已经不远了，所作诗中也平添了几分豪迈之情。

一九〇六年八月底，王树枏抵达新疆迪化城（今乌鲁木齐），正式就任新疆布政使。

在清代，一省之最大官员为巡抚，从二品，加兵部侍郎衔者为正二品，统揽全省军政大权；次之为布政使，也称藩台，是文职主官，从二品衔，负责一省之行政、财税、民政等诸多事宜；此外还设有按察使，也称臬台，正三品衔，负责一省之治安、司法、刑狱等事项。坊间有句俗语：巡抚只是布政使的半个上司。这是因为巡抚虽是一省的最高长官，但在巡抚之上还有总督，巡抚、布政使和按察使都要受总督节制。在晚清时期，除直隶和四川总督外，其他总督一般要管辖二至三个省，如两广总督、两江总督、东三省总督等。此时的新疆隶属于陕甘总督管辖。

当王树枏走进虽略显陈旧但颇为庄严的布政使司衙署时，立即想到了一个人，他便是清朝首任新疆巡抚刘锦棠。

刘锦棠是左宗棠麾下的第一名将，正是这位有传奇色彩的"飞将军"，率领清军犹如神兵天降，所向披靡，以迅雷不及掩耳之势收复了新疆全境，才有了今日之局面。连左宗棠也对刘锦棠大加赞赏："筹策之周，赴机之速，古今未尝有也。"这座藩司衙署正是刘锦棠主持修建而成。

刘锦棠于一八八四年担任新疆巡抚后，废除伯克制度，设立郡县机构，订立赋税章程，巩固边防，改善民生，卓有成绩。后因病奉旨回湖南湘乡老家调养。刘锦棠一生征战，鲜有败绩，可谓常胜将军。一八九四年中日战起，朝廷起用病中的刘锦棠带兵赴辽东对日作战，刚启程不久便病重离世，怎不让人扼腕叹息！

当年，考虑到新疆地处边陲，边民困苦，刘锦棠所定赋税并不高，较之内地要轻。

但随着时间推移，弊窦渐生，且呈愈演愈烈之势。一些州县加征钱粮数额，压低粮草等次，夸大损耗数量，私置升斗，不用官秤，杂税纷繁，徭役繁苛，不可胜记。这些弊端在北疆相对较少，在南疆尤为严重。南疆民众多不识汉字，不懂汉语，心中不满却也是敢怒而不能言。

及至潘效苏任新疆巡抚，看到州县贪黩殃民，漫无限制，便于一九〇三年定立新章，统一征收粮草数额，加以规范。但由于新疆地域广袤，各州县人口、土地、物产、物价相差悬殊，各地官员便以此为借口各行其是，加之对违反章程者未能参革撤换，以儆效尤，致使令出难行，一些州县仍我行我素。

目睹新疆二十余年的积弊难以革除，王树枏深感忧虑。特别是看到南疆少数民族百姓的贫苦之状，他正色道："这岂不是要逼他们造反作乱吗？"

王树枏亲自主持订立了新的征收粮草章程，主要内容有七条：

其一，参照咸丰七年湖北巡抚胡林翼推行的改革厘金漕运之法，实行粮草征收定价改折，将原定征收实物全部改为征收银钱，按照各州县市价折算征收，明确可减两成上缴，用于补贴地方官员的办差费用，除此之外不得额外多征。

其二，由省统一定制库秤，发到各县和局卡使用，各地严禁自行改制衡器。

其三，因地制宜，区别定额定价，若一府情况相同，就以一府统一规定；若一县情况独异，就以一县单独规定。

其四，凡是告知百姓的布告，除汉文外，都要附上伊斯兰文，并要求官吏学习少数民族语言，以免由于语言不通而误事。

其五，每年八月，由地方官按本地粮价报至道上汇齐，再由藩司派人认真核查，以定奖惩。

其六，参照在甘肃时的做法，所有厘捐改为百货统捐，仅收入口落地税，其他一律不准重复收取，多余的征收厘卡一并裁撤。

其七，对于不遵章守纪的官吏，予以参劾革职，对廉洁勤政的官员予以奖励擢升。

此章程报送巡抚联魁和总督升允同意后呈报朝廷，获刚刚成立的度支部（一九〇六年由户部改设，负责掌理财政，管理田赋、关税、漕仓、公债、货币、银行及会计度支等事宜的部门）覆准。

王树枏深知，革除弊政，推行新法绝非易事，其关键之处在于各级官员。

他举荐当年自己的得力助手，甘肃候补道杨增新出任新疆阿克苏道道台（日后，杨增新担任新疆省长，新疆省政府主席多年，被称为新疆王，后被政敌刺杀），同时提名任用了一批清廉实干、勇于任事的州县官员，对那些贪墨营私、懒政渎职的官员予以参革罢黜。

王树枏到任后，先后参革新疆地方官吏四十余人，方使各级官员有所敬畏，征收粮草新章得以顺利推行。

施行新章之后，南疆百姓每年节省支出三四百万两，而官府税赋收入也增加数倍，官民皆受其益。

王树枏以霹雳手段和公平公正之章法治理南疆取得显著成效后，将此法在新疆全境推行，一扫多年之积弊。正如王树枏所拟

《重定南疆粮草章程》所言：

> 窃为治民之道，去弊为先，去弊之方，持平为要，未有未得其平而能使上下相安，举积弊一扫之者也。

施行新的征收粮草章程，规范税赋收缴，清除积弊，仅仅是王树枏施政新疆后烧的第一把火。身为布政使，掌管着一省藩库，全省各项开支都要仰仗他来筹措，整日为钱粮之事左支右绌，令王树枏颇感焦虑。面对入不敷出的财政困局，他决定尽快实施谋划已久的广开财源之策了。

第三节　发行货币

一九〇七年，清光绪三十三年。

危机重重的大清王朝在一年前便开始了预备立宪，已推行了数年之久的所谓新政仍显得步履蹒跚。

在东南省份，革命党发起的反清起义风起云涌。广东潮州黄冈、惠州七女湖、广西钦州防城和镇南关等地相继发生了民众暴动。几乎与此同时，南方多省遭受了严重水灾，致使粮食短缺，多地出现了抢米风潮。

孤悬塞外的新疆，虽地域广袤，但地广人稀，交通闭塞，加之多年战乱，民生凋敝，财政不能自立，每年仰仗内地二百万两协饷勉强支应。而今，内地各省特别是富庶的南方省份自顾不暇，饷源锐减，又加之白银贬值，沙俄趁机抬高俄国金币价格，扰乱新疆市场，使本来就捉襟见肘的新疆财政难以为继。

王树枬找到时任新疆巡抚联魁，详细分析了全省财政困局，提出了自己的设想：首先，鉴于协饷不足，且时常不能按时汇到，为保证驻军军饷及时发放，拟请示朝廷，以内地协饷为基础，铸造饷银币和饷金币。其次，申请发行纸币，筹集足够资本，进而大力兴办实业，增加财税收入，逐步改变新疆对内地协饷之依赖。

联魁两年前就任新疆巡抚后，一直为钱粮之事发愁，苦无良策，听了王树枏的想法，表示同意。陕甘总督升允更是对王树枏的方案赞赏有加，并责成王树枏速拟呈文，报度支部批准后实施。

王树枏在给度支部的呈文中，详述了铸造饷银币和饷金币之必要。他认为："富强之国，其金圆必周行于世界，其银行必遍及各埠，其国内各种币制，必能划一使用而无地异价变、畸轻畸重之弊。"他提出，为挽回利权，维护白银价格，采用金本位制，在铸造饷银币同时，铸造饷金币。

为促成此事，王树枏还专程前往北京向度支部面陈。度支部认可了王树枏的提议，并上奏光绪皇帝。奏折中说："据布政使王树枏面称，此金若按三十五两换银不易，不若铸造金圆，当易行使……查现时币制尚未奏定，本难遽准外省铸造金圆，但新疆情形向来与内地稍有不同，现据奏称比照原价换银不易，应准其铸圆行使。"光绪帝朱批："著照所请，该部知道。"

迪化饷银币

王树枏返回新疆，与巡抚联魁商议后成立了新疆银圆局，在省城迪化水磨沟机器局开始铸造饷银币和饷金币。

据《新疆图志》记载："光绪三十三年五月，藩司王树枏请采购矿金，试铸金圆，辅饷糈之不济，顾市面之流通，委巡检蔡世长等四员，就省城外水磨沟机器局督匠铸造。"

所铸饷金币有二钱及一钱两种，其中一钱抵纯银三两，二钱能抵银六两。铸造四个月，共铸金五千零一两。饷金币虽然数额不多，但它体现了王树枏的金本位思想，是当时国内唯一的机铸金币。

饷银币分为五钱、四钱、二钱、一钱四种银圆。从一九〇七年起的三年间，共铸成饷银币三十二万两，广泛流通于新疆市面。

由于饷银币和饷金币设计精美，铸造工艺精良，且数量不大，颇受后世收藏者喜爱。

不久之后，银圆局又仿照内地式样，机制铜圆。新疆铜圆与旧红钱制度挂钩，换算方便，行制精巧，大小一致，俗称"铜普"，颇受新疆民众欢迎。

一九〇八年，在王树枏的运筹下，新疆获准试办发行纸币一百万两。

王树枏组织成立了新疆官钱总局，并在镇迪、伊塔、阿克苏、喀什葛尔四道各设大局，各府、厅、州、县均设分局。总局由藩司督办，大局由各道府督办，分局由地方聘当地绅商为董事。

共发成本一百二十万两，其中现金四成，包括金币、银圆、白银、

老龙票

红钱等，官票六成。总局发行纸币，兑换银钱，放款取息，存款付息。正如《新疆金融志》所载："仿银行之制度，以谋金融之流通，而增加司度（财政）之收入。"

鉴于以前官钱局印制的纸币"油布帖"设计印刷简陋，伪造多，亏损大，王树枏从新币设计到印刷发行每一个重要环节都亲自过问，一丝不苟。

新币设计为竖式大官票，共计一百万张，每张兑红钱四百文，抵银一两，全部在上海印制。因票面四周边框印有双龙戏珠图示，故而流通后被民众称为"老龙票"。由于准备金充足，易于兑现，加之印制精美，不易伪造，"老龙票"信誉极好，以致票银高于现银，一度达到一百两纸币换现银一百二十余两。

试办发行纸币成功让王树枏信心倍增，遂上书度支部，请求再造纸币二三百万两，进而大力兴办实业，假以时日，新疆便可自给自足，或将永远不再仰仗内地协饷了。

一九〇七年，出洋归国后的载泽被委以重任，出任度支部尚书，开始着手在各省设专门官员，监理地方财政。度支部对王树枏所请之事先是置之不理，后又表示不仅不能增发纸币，还要将已经流通的一百万纸币收回。王树枏据理力争，费尽心力方才保住这一百万两"老龙票"的流通。

事实上，直至民国期间，"老龙票"仍币值稳定，流通照常。一九一九年，民国著名学者谢彬游历新疆多地，撰写了《新疆游记》。据该书记载："老龙票原为清藩司所发……盖是票发行之初，曾经兑现，不若其它纸币之滥发，故在市场极有信用。"吴蔼辰先生也在游记中提到：老龙票"信用卓著，印刷精美……缠民多实而藏之。甚至银票高于现银”，足见“老龙票”信誉之好。

新疆地处西北边陲，货币自成体系，鲜与内地流通。王树枏任藩司期间，发行货币准备金充足，印量严格限制，印制精美，市场伪币很少。因此，在清末民初，当内地物价飞涨，货币贬值严重，民众备受其苦时，新疆市场却有条不紊，成为一片平静的绿洲，不能不说，新疆布政使王树枏功莫大焉。

正当王树枏在西北边陲为新疆发展上下奔忙之际，大清朝的宪政改革也渐入高潮，朝廷设立了资政院，部门设咨议官，各省设咨议局。王树枏被学部、宪政编查馆聘为咨议官，被礼制馆聘为高等顾问。

八月，朝廷颁布了《钦定宪法大纲》，以图通过宪政改革挽大清江山于即倒。

仅仅三个多月后，光绪皇帝和慈禧太后先后离世，大清朝这艘破洞累累的航船在风雨飘摇中迎来了最后一个掌舵者，年仅三岁的皇帝溥仪。

第四节　兴办实业

西荒万里见岩林，空谷跫然有足音。

四面峰峦皆在眼，两头箫管坐当心。

高陵深谷几兴废，明月清风无古今。

一石醇醪消永日，夜深时听老龙吟。

此诗名为《再题依斗亭》，是王树枏一九〇七年所作。诗中提到的依斗亭位于迪化水磨沟，是庚子国变后流放新疆的皇亲贵族爱新觉罗·载澜所建。

王树枏任职新疆数年，足迹踏遍天山南北。如果有人问他最喜欢何处，他一定会回答三个字：水磨沟。在王树枏的诗集中，有十几首诗都创作于此。

新疆美景不可胜数，他为何对水磨沟情有独钟呢？这是因为水磨沟乃新疆机器局所在地，枪炮厂、铸造厂、铸币厂等诸多工厂都建设于此。水磨沟堪称新疆近现代工业的起点，寄托着王树枏强疆富民的梦想以及对美好未来的憧憬。

到疆伊始，王树枏就反复思考一事：新疆地方二万余里，农田、水利、桑棉、瓜果之盛，牧畜之繁，五金之矿，富甲海内，而年年仰仗内地协饷，观人朵颐，不谋自立，将来必至坐困。若想彻底改变这一状况，别无他途，唯大力兴办实业。

一九〇八年，王树枏主持创办工艺局厂，并酌定章程大纲十二款，五十五条，报请朝廷批准后在全疆推行。由此，掀起了新疆兴办实业的高潮。

清末的新疆工业基础十分薄弱，可谓百业待兴。王树枏欲大办实业，必须择其重者而兴之。何业为重呢？他把目光聚焦到了石油上。

王树枏认为：兴办实业，要汲取以往办厂之教训，先集中力量办好一两个厂矿，不可铺摊子，求虚名。要摒弃旧的土法工艺，改用机器新法，抵制洋油倾销，把石油开采提炼置于诸矿之首。

此时的王树枏已敏锐地意识到，今后之工业，离不开石油，中国之石油，或将仰仗新疆。这一观点源于他对新疆石油资源的勘察。

早在一年之前，王树枏就派出多路人马，克服重重困难，对新疆境内的石油矿藏分道勘察。

据《新疆图志》记载，这次对石油资源的普查收获颇丰，共发现大小油带十余处，其中包括：青石峡大小拐（今克拉玛依）、独山子、旗杆沟、将军沟、四棵树、博罗通古、红沟、卡子湾、头屯河、喀林哈毕尔噶、库车苏巴什铜山、库斯浑山东南、喀什噶尔之北等处。由此，得出了"遍察南北疆诸矿，唯石油之富得擅五洲"的论断。

以当时的科技条件及社会环境，做此广泛全面之勘察，实属不易。

对于采集的原油样品，王树枏派人送往俄国里海巴库工厂检测化验，以分析各矿原油品质，进而评估开采价值。

从化验结果看，全疆各矿开采价值不等，唯独山子矿油质最佳，每百斤可提炼净油六十余斤，与当时美国的油田不相上下。

为此，王树枏提出："先采独山子一处，俟有成效，当添绥来（今玛纳斯）等处，以资推广。"独山子油矿从此载入史册，与后来的陕西延长、甘肃玉门并称为中国近代三大油矿。

一九〇九年，从俄国购买的钻井机运抵独山子。《新疆图志》记载："……独山子开掘油井，深至七八丈，井内声如波涛，油气蒸腾，直涌而出，以火燃之，焰高数尺。"看到新疆历史上用机器

王树枏（后中）与巡抚联魁、爱新觉罗载澜及外国友人合影

打出的第一口油气井燃起的熊熊火焰，王树枏兴奋之情难以言状。

随后，炼油设备运到迪化工艺厂，聘请俄国技师安装调试，新疆近代石油工业自此起步。

令人遗憾的是，随着不久后王树枏离开新疆和大清王朝的覆灭，新疆的油田开采和原油提炼之事未能很好地延续。尽管如此，王树枏推动近代新疆石油工业之首创功绩是不可磨灭的。

在开采石油的同时，王树枏还主持开发改造了多座矿山，诸如塔城喀图山金矿、于阗苏拉瓦克、宰列克金矿、拜城铜矿、焉耆库尔岱铜矿、阜远（今吉木萨尔）水西沟铁矿等。

工矿业的发展，固然让开矿者富裕起来，也增加了藩库收入，但对于众多从事农耕的百姓而言，受益无多。

新疆是丝绸之路的重要节点，自古就有种桑养蚕的传统，尤以和田蚕丝最负盛名。但在清末，新疆百业待兴，蚕丝业并不兴旺。

为振兴新疆桑蚕业，王树枏委派赵贵华等人遍历南疆八城，每逢巴扎集日，陈列新式生产器具，召集民众围观，讲解使用之法，同时传授插秧、试种、接条、修剪、捕虫、焙叶等园艺技法。随后，又从设局、选址、考工、栽桑、择种、制机、选丝等多方面入手，系统推广种桑、养蚕及经营之法，扩大蚕丝业发展规模。

据《中国经营西域史》记载，在王树枏担任布政使期间，通过鼓励蚕丝业发展，新疆桑蚕及丝织品产量、质量显著提升，出口大增。作为桑蚕业主产区，和田地区每年销往英、俄两国的蚕茧达到二十七万斤，丝约八万斤。皮山一九〇六年产茧不足七万斤，一九〇七年猛增三倍，一九〇八年则增至五倍之多。

由于种桑养蚕收益颇丰，新疆民众争相从事经营。温宿、库车、沙雅、轮台、焉耆等地纷纷推广，吐鲁番、哈密等地也有民众从事种养，桑蚕业很快成为南疆乃至整个新疆的重要财源之一。

工农业的快速发展也促进了商业的繁荣，新疆与内地的商业往来日趋活跃。以津商"八大家"为代表的内地商家不断壮大，而新疆本地的商户也大幅增加。这期间，内地的绸缎、茶叶、笔墨、纸张及各种杂货运往新疆，而新疆的棉花、瓜果、土布、手工艺品销往内地，新疆各地巴扎市场交易活跃，日渐繁荣。

与此相伴的是，新疆的对外贸易也有大幅增加。这一时期，新疆的羊毛、皮毛、蚕丝、棉花等商品大量出口到俄、英、印度等国家，而沙俄等国的多种工业品也输入新疆各地。

总体而言，尽管当时新疆面临着错综复杂的局势，但当地经济仍呈现出一派欣欣向荣的景象，这让王树枏颇感欣慰。他在《春市》一诗中写道：

城上响胡笳，人生晓市华。

山农榆荚饭，估客柳花茶。

宿酿蒲桃熟，新刍苜蓿芽。

眼中风土异，问俗到天涯。

第五节 创设邮政

一九〇九年，清宣统元年，二月。

新疆藩司衙门签押房内，布政使王树枏正在审阅俄国领事刚刚送来的信函。阅毕，他吩咐属下：请臬台大人过府议事。

王树枏所说的臬台大人是指镇迪道兼新疆按察使荣霈。

担任新疆布政使以来，王树枏治理南疆、发行货币、兴办实业，办了不少实事。但他很快发现，巡抚联魁对自己的做法时常表现出不冷不热抑或是不以为然。身为满族旗人，联魁似乎更想成为一个"太平官"，做事以求稳为重，平日里与王树枏的想法多有不同。

在以巡抚、布政使、按察使为支撑的新疆官场架构中，每当难以确定是否可以获得巡抚联魁的支持时，王树枏便会先寻求按察使荣霈的理解与支持，进而推动自己的主张得以实施。

荣霈虽然也是满人，但他平日里与王树枏过从甚密，许多想法比较接近，在公务中能够互相帮衬，有了一些默契。

见到荣霈，王树枏将俄国领事的信函拿给他看。在信函中，俄国人请求在新疆增设台站快车，用来递运邮件及各种货物，并代售邮票。对此，王树枏与荣霈都持反对态度。

新疆地处西北边陲，距京师六千里，道路阻塞，交通不便，致使新疆与内地信息隔绝，邮递困难。随着越来越多的内地商贾、移民、戎卒、遣员来到新疆，家书、文牍邮递之需求日益增多。

新疆建省后，在刘锦棠等人的主持下，省内的驿站得以全面恢复。以省城迪化为中心，辐射全省各地干线十五条，设有驿站邮亭二百个，驿卒千余人，每年耗费巨资。由于驿站只是传递军政公文，民间概不得利用，因而百姓邮递之事只能另觅他途。

一九〇三年，时任新疆巡抚潘效苏曾仿照俄国人的做法，试办从省城迪化经哈密到肃州（今酒泉）的邮政，因管理不善，亏损严重，施行三年之后告终。

反观俄国，早就看好在新疆办理邮递有利可图，便在新疆北部边界设立台站快车，与俄国境内的铁路相连，通过西伯利亚铁

王树枬（中）与荣霈等新疆官员合影

路将新疆民众的书信、货物绕道运往中国内地。由于运送快捷且价格低廉，很受新疆百姓的欢迎，每年俄国人赚取新疆百姓的邮资多达十万卢布以上。在获得经济利益的同时，俄国人还赢得了当地民众的信誉。

此次俄国人申请增设台站快车，是想进一步扩展其在新疆的邮政业务，进而扩大俄国在新疆的影响。

王树枏认为，邮政之事不仅是经济问题，而是涉及国家主权和安全的大事。他与荣霈商议后提出两条意见：第一，俄国人增设台站快车的请求不予批准；第二，将速兴邮政作为当下新疆之要务，抓紧规划，尽快实施。

随后，王树枏提出了谋划已久的改驿站为邮政之法，概略有四条：

其一，在新疆境内的所有邮路延用原来的驿站，以节省邮政建设费用；

其二，裁撤驿站人员马匹一半，将节省下来的经费用来兴办邮政；

其三，驿站和邮政两个机构同时各自运转，互不影响，试行几年以后权衡其利弊得失，再决定如何裁撤；

其四，邮务经费全部由本省自筹。

规划开设邮路四条：东路，迪化—奇台—嘉峪关；东南路，迪化—吐鲁番—哈密；西北路，迪化—伊犁；南路，迪化—喀什—和田。总邮程一万三千余里。东路入关至甘肃；北路取道俄国西伯利亚大铁路进入中国东北，再经铁路到北京。因北路邮政必须经过俄国，需根据《万国邮政公约》与俄国商订合同。

王树枏表示，自己已经测算过，按此法办邮政，三年可成。

他如此信心满满，或许还有一个原因，那便是他的进士同年徐世昌刚刚被朝廷任命为邮传部尚书，对新疆创办邮政应该会鼎力支持。

对于王树枏的设想与谋划，荣霈表示赞同。随后，二人便一起去见巡抚联魁，提出以上设想。

联魁对王树枏提出的创立邮政的建议，先是不置可否，之后又犹豫不决。最后在王树枏和荣霈两人反复劝说下，联魁才勉强同意上奏朝廷，试行邮政。

随后，王树枏主持起草《邮务章程》，明确了新疆邮政的机构设置、人员构成等相关事项，专文呈报朝廷，获邮传部批准。

依照《邮务章程》规定，新疆邮政隶属于朝廷邮传部邮政总局管辖，在省城迪化设立新疆邮政局，府、厅、州、县设分局十八所。

新疆邮务总办一职，由邮传部委派的比利时人彼得森担任，负责开办新疆邮政的相关事项，藩司衙门从人、财、物等方面给予彼得森全力支持，提供保障。

在多方努力之下，创设邮政之事进展颇为顺利。创立第一年，东西路邮路贯通；第二年，北路邮路贯通；第三年，天山以南各府、厅、州、县都依次建立了分支机构，邮路畅通。从此，新疆民众拥有了自己的邮政，彻底结束了多年来依靠俄国人运递邮件的历史。

在创设邮政的过程中，王树枏愈加感受到修建铁路的重要与紧迫。

他上奏朝廷，再次申明修建铁路之必要，特别强调了铁路对于维护疆土安全不可替代的重要作用。他在奏折中强调：新疆西部和北部被俄国的铁路包围，一旦发生战事，俄国的军队可朝发夕至，一天之内便可到达新疆。而我国内地的军队则需数月才能到达，且粮草军火都仰仗从内地转运，谁胜谁败，不言自明。连英国人都说，如果新疆有铁路，西域为中国人所有；如果没有铁路，新疆则是俄国人的囊中之物。

为了筹建铁路，王树枏可谓煞费苦心。他一方面向朝廷陈说利害，详述建设铁路对于新疆乃至全国的重要意义；另一方面，聘请专家就如何建造铁路进行勘察，并拿出了初步方案。

方案的核心内容是：效仿俄国人的办法，先在蒙古草原修建铁路并试运行，之后再全线修通由新疆到京城的铁路。为此，还专门绘制了从新疆经蒙古草原抵达京师的筑路蓝图，呈报朝廷审定。

令人遗憾的是，之后不久的一系列变故，使筑路之议无果而终，王树枏在新疆修建铁路的设想终成难圆之梦。

第六节 大兴教育

一九〇五年，清光绪三十一年，朝廷正式废止科举制度，并设立了学部。

其后的几年间，各省按照《奏定学堂章程》之规定，纷纷设立提学使和劝学所，创办新式学堂，新式学校教育出现了前所未有的景象。位于西北边陲的新疆也加入了大力兴办教育的热潮。

王树枏自幼在家塾读书，成年后就读于保定莲池书院，中举后又应邀主讲冀州信都书院多年，对教书育人有着独到见解与心得。当全国的新式学堂一哄而上之际，王树枏对于新疆教育却有着冷静的思考。

在《陶庐老人随年录》中，他对兴办新疆教育有如下分析：新疆地广人稀，种族庞杂，服饰、饮食、语言、文字与内地有很大差异。新疆汉人除商贾外，大半是流民游勇，既无恒产，又缺乏识字之人。新疆境内一州一县之地，往往广有千里，且多半是荒山戈壁。一些地方，数十里或百余里才能看到三四户人家，这与内地成村成聚，人员密集居住迥然不同，如若仿照内地数量设立学堂，很难找到适中的聚集之地。况且新疆本地民众多极贫极苦，专以耕牧为生，若强迫其子弟读书，家中少了劳力，生活会更加窘迫。

事实上，听到官府的入学令后，有些百姓迁徙到了俄国境内进行躲避，更有甚者，居然持刀到官府门前自戕抗议。

为此，王树枏上书朝廷，提出新疆新设行省，本属特别之区，在兴办学校时应充分考虑边疆实际，避免事事与内地各省强求一律。

王树枏与巡抚联魁、提学使杜彤等人共商发展新疆教育之良策，提出因地制宜办教育的思路。他明确表示，不管有多少困难，藩司衙门将千方百计保证全省兴办各类学校所需经费。

从一九〇六年起，新疆各地纷纷成立劝学所，至一九〇七年底，全省共成立劝学所三十三处，有总董二十九名，劝学员一百零一名。同时还在省城迪化创设学务公所，统揽全省的学堂教育。

最先设立的新式学堂位于迪化府，为两等小学堂，作为全省的示范学校。随后，各府、厅、州、县纷纷派人前来观摩学习，参照迪化府的模式，新疆各类学校如雨后春笋般建立起来。

考虑到各地普遍师资匮乏，在省城迪化中学堂设立了简易师范班，一年毕业，派往各地充当教习，待遇优厚，每月薪资三十元。

鉴于新疆民族众多、语言庞杂，又在省城迪化建立了维吾尔族师范学堂，推行维族语言教学，学生兼学汉语和维语，并明令官吏、教习不得轻视维族学生，还免除了维族学生的徭役。其他少数民族学校还包括伊犁养正学堂，伊犁驻防满营学堂，古城驻防满营学堂，精河、塔城等地的蒙养学堂等。

为培养翻译人才，还专门开办了中俄学堂。中俄学堂的前身是刘锦棠设立的俄文馆，后于一九〇五年裁撤，一九〇八年在王树枏等人的运筹下重新开办，并改为中俄学堂。

一九〇六年，新疆巡抚联魁、布政使王树枏奏请将原课吏馆改设为新疆法政学堂，获准后于当年七月初一日正式开学。课吏馆原是对已入仕途人员进行考核培训的专门机构，改为法政学堂后，成为新疆培养内政外交人才的专门学校。法政学堂的监督由王树枏推荐来疆的杨增新担任，聘请法政专科和警察专科毕业的一名日本人及若干中国人担任教习。考虑到南疆维族人居多，又加派维吾尔文教习一名。学员两年毕业，考列一等者委署优缺，二等者委署简缺，三等者分别差委，不及格者留级再学，不服管理、不堪造就者退回原籍。法政学堂的设立，对于快速提升新疆地方官员素质起到了积极作用。

新疆为边防重地，长年有军队驻防。为提升驻疆中下级军官的文化水平及军事素养，先后在伊犁成立了武备速成学堂，在迪化成立了陆军小学堂。

一九〇九年，又在迪化成立了新疆将弁学堂，招收有一定文化知识和军事技术的学员一百余名，专门培养新军骨干。后来，又给将弁学堂学生加授警察功课，军警校联办，不仅减少重复设置，节约了办学经费，而且适应新疆地广人稀、地方与军队职责交叉、合署办公之特殊边情，收效良好。

新疆地域广袤，物产繁多。王树枏力主在新疆各地创办各具特色的实业学堂。在盛产棉花的吐鲁番，创设纺织学堂；在产丝的叶城等地，创设桑蚕学堂；在出产金、玉、铜、石油的塔城、和田、拜城等地，设立矿物学堂；在生产皮毛的伊犁、塔尔巴哈台等地，设立织毛织革学堂……

据《新疆图志》记载，清末新政期间，新疆全省共创建学堂六百零六所，教习七百六十四员，学生一万六千零六十三名。这些学校分布于新疆各地，例如：迪化府学堂两所，迪化县学堂二十五所，昌吉县学堂五所，呼图壁县学堂六所，绥来县学堂十五所，阜康县学堂七所，奇台县学堂十三所，镇西直隶厅学堂十所，哈密厅学堂十所，吐鲁番厅学堂十五所，焉耆府学堂十六所，库车直隶州学堂二十四所，莎车府学堂四十九所，和田直隶州学堂三十四所……

开办如此众多的学堂，在旁人看来或许仅仅是一些数字，但对于掌管全省财政的布政使王树枬来说，压力很大。

据《中国经营西域史》一书统计，清末"新政"期间，新疆省立学堂经费十七万余两，镇迪、伊塔、阿克苏、喀什噶尔四道属公私学堂经费六十六万余两，合计八十三万余两。

为了吸引和留住教师，还对教师及教育管理人员实行"厚薪"制。如学务公所科长年薪九百六十两，中学堂教师年薪一千四百六十两，而当时的七品知县按例正常年奉六十七两半，加"养廉银"也不过八百两左右。

王树枬在全省财政捉襟见肘、左支右绌的局面之下，殚精竭虑、千方百计筹措经费，最大限度地保证各类学校的正常运转，推动了新疆学校教育的发展。

一九〇七年，王树枬开始谋划建设新疆农林实验场，至一九一〇年五月，建成试验场并增设实业讲习所。

事实上，经过王树枬的巧妙规划，这里不仅仅成为一所农林试验场，它还有个名字叫作"说园"，是一座集中国古代建筑和新疆果园文化于一体的塞上园林。

说园内建有不系山房、霞照楼、晴碧轩、戊己亭、望岁亭、梦鱼台、醉月台、一苇亭、福持精舍、花神祠、不周池、万花室等诸多景观。在说园正门，有王树枏书写的一副楹联："萃天山南北奇果异花，重编塞国群芳圃；教绝域人民男耕女织，三复豳风七月诗。"

百忙之中，王树枏也偶尔漫步说园，置身鸟语花香之中，以诗寄情：

> 藤杖芒鞋日几巡，百忙偷得半闲身。
>
> 碧瓜朱李能留客，老燕雏莺解唤人。

由于公务繁忙，王树枏在任期间来说园的次数并不是很多。

闲暇之时，他必去的地方是衙署西侧的志局，在那里，他时常和同人好友一起考古论今，纂修《新疆图志》，在文字堆中享受旁人难以体会的快乐与充实。

第七节 新疆图志

奇绝仙境，如入万花谷中。值冬，浓碧嫣红，不可得见，而沿山松树，重叠不可计数。雪后岩白松苍，天然图画。古径幽折，泉流清冷，二十里中，步步引人入胜……四月间，百花竞放，异鸟成群，鸣声上下。过其下者，遇风日清华，辙有出尘之想。……两山矗立，松树参天，中有涧溪一道，迤逦盘区，小桥四十二道，石壁峭岩，青绿相间，人在画中行，山景之佳，甲于关外……但见松林茂密，野兽奔驰，冰塞长沙，雪满群山，为平生所仅见。

这段优美的文字并非游记，也非散文，而是王树枏在《新疆图志》之《山脉志》中对新疆伊犁果子沟的生动描写。

《新疆图志》全书二百余万字，堪称鸿篇巨制，被后世认为是新疆地方志中材料最为充实详尽，具有很高历史价值和学术价值的一部志书。梁启超在《中国近三百年学术史》一书中，列举了一百一十八种地方志，认为《新疆图志》为"后期之雄"，评价甚高。

该书后来有多个版本问世，主要包括：一九一一年由新疆官书局刊印的通志局本，共一百一十六卷，后在天津再版印刷；一九二三年在天津两次排印的东方学会版；一九六五年台北文海出版社出版的东方学会版影印版；一九八三年北京民族文化宫刊印的东方学会版影印版；一九九二年上海古籍出版社出版的缩拼影印版……此外，还有新疆《山脉志》《国界志》《礼俗志》《兵事志》《艺文志》《金石志》等十余部单独志卷刊印出版。

王树枏任新疆布政使后，有感于新疆历史文化独特，但文献寥寥，史料匮乏的实际，决定创修一部全方位记录新疆政治、历史、文化、经济、社会、自然、地理等情况的志书，定名为《新疆图志》。

他在藩署西侧设立了《新疆图志》通志局，聘请了方希孟、宋伯鲁、裴景福、钟广生、郭鹏等好古多文、博雅淹通之士，参与编纂这部志书。

王树枏亲任总纂兼办局务，亲手制定志例，并亲自撰写了多部志稿，包括：《国界志》八卷、《山脉志》六卷、《兵事志》二卷、《访古录》二卷、《新疆小正》二卷、《礼俗志》一卷、《道路志》四卷、《土壤志》一卷，《建置志》四卷（王树枏先撰写一卷，其余由宋伯鲁完成），《实业志》两卷（其中森林、渔业由王树枏创写体例，门人钟广生完成）。

纵观整部《新疆图志》，有诸多创新之处，堪称独具匠心。

《新疆图志》之《国界志》，将旧志中的舆地、疆域、历史沿革等门类改为国界一门，详细记述了咸丰以后新疆地区国土沦丧四十四万多平方公里的整个过程，叙述了中国通过外交途径收复伊犁的过程；记录了俄国、英国无视中国利益，私分帕米尔的过程……王树枏按照时间顺序，逐条分析多个不平等条约对中国领土的吞并及危害，归纳为"三变"："……同治三年，立塔城之约，而西界一变。同治十年，全疆沦陷，俄人据我伊犁。至光绪七年，立中俄改订之约，而西界再变。光绪八年、十年，立喀城之约，而西界三变。"

王树枏还从新疆名称的历史沿革入手，深入考察自汉唐以来特别是乾隆年间平定回疆以后的中国西域疆界，以保存新疆地区的国界史料，为后来者提供依据和借鉴。

《新疆图志》之《山脉志》，将新疆地区山脉分为天山、南山和北山三部分，然后按照先写中间、后写两边的顺序，分别叙述。先从葱岭开始，提出"葱岭为欧亚之脊"，西洋之山脉越往东越高，"至于葱岭而极"，中华之山脉越往西越高，"亦至葱岭而极"。

《新疆图志》

《山脉志》重点写天山山脉，次写南山山脉和北山山脉，详载各山脉走向、山脉分支，以及各山脉水域流向，并记录山脉周边的各种资源。对每一具体山脉也是先写主山山脉，后写分支山脉。这样使众多山脉主次分明，脉络清晰，形态完整，便于记忆。王树枏在《山脉志》中还提出了"不知考地理者，当举水以证山，不当指山以觅水；当以目见为实，不当以意度为凭"的观点，亦可资后人参考与借鉴。

《新疆图志》之《礼俗志》，详细叙述各民族的身体面部特征、饮食、起居、服饰、语言、文字、婚丧习俗以及宗教习俗等内容，真实而生动。比如，在描述维吾尔族面部特征时写到："高鼻深目，多髭须，与泰西岛民状貌相类，但眸子黑耳。"对于哈萨克族婚俗有如下描写："女子将出门，辞父母，握手接唇，一人抱持上马，红巾帱面首，并骑以行至门，扶入毡房。莫洛大高捧洁水一盂，口喃喃诵经，饮新郎、新妇，并普饮同坐者。夜则诸男、妇杂沓调笑，吹弹、唱歌、跳舞为欢乐，尽兴乃各散去。"对一些独特习俗，如哈萨克族的"叼羊"，维吾尔族的"偎郎"等也都有详尽的介绍。通过对这些民族风情的描写，可使更多人了解少数民族生活习惯，有助于各民族间的理解与融合，也为后世留下珍贵的社会学史料。

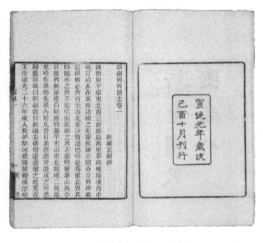

新疆图志之《国界志》

《新疆图志》之《兵事志》，记载了清朝在新疆的三次用兵，即平定准噶尔部叛乱、平定张格尔叛乱以及镇压清末回民起义、收复新疆的全过程，特别是对左宗棠收复新疆着笔墨最多。

此外，《新疆图志》之《古迹志》亦称《访古录》，分州县记载了二十七处古迹遗存，包括多处佛教遗址，如阜康县达摩祖师面壁处、孚远县千佛洞、吐鲁番厅十万罗汉削发处、伊犁府西方净海、塔城厅青石佛迹、莎车府古浮图等。此外还记载了新疆优美的自然景观，包括吐鲁番厅银山和火焰山、镇西厅巴里坤八景、哈密厅火龙树、库尔喀喇乌苏厅莲花池、伊犁府果子沟和四十八桥等。

《土壤志》在方志中单独列门类者很少。王树枏从"民为帮本"的重农思想出发，充分考虑到新疆地域广袤、土壤类型繁多的实际，将土壤专列门类以成《土壤志》，实为创新之举。此外，《道路志》《物候志》也都各具特色，详略得当，考证精确，表述清晰，堪称佳作。

王维庭先生所著《王晋卿先生传略》中说："……东西方学者研究中国大西北问题，多以此书为重要依据。罗振玉、徐旭生先后到新疆考古，皆以《访古录》为先导。"《新疆图志》所拥有的重要历史价值由此可见一斑。

令人唏嘘的是，当《新疆图志》付梓之时，王树枏已离疆东去，罢官归隐了。

第八节　迪化大火

　　一九一〇年，清宣统二年七月初六日，新疆省城迪化发生了一件大事。

　　一场大火烧红了迪化城的天空，烧掉了十多名地方官员的"顶戴花翎"，也让参与纵火的十几名闹事者人头落地。

　　王树枏在《陶庐老人随年录》中，对这场大火有这样的描述：

　　有土贼王高升者，夜间聚众放火，延烧肆商数十家，悉成灰烬。

　　这场大火到底因何而起，带头放火的王高升又是何许人呢？这还要从津商与哥老会的冲突说起。

　　当年，左宗棠率军收复新疆，有大批的天津商人跟随清军进疆"赶大营"。定居新疆三十多年来，由于津商聪慧勤劳，交际灵活，加之资本雄厚，生意越做越大，逐渐形成了以津商"八大家"为代表的津商势力。在迪化城内的一千二百余家商户中，天津人就占了一半。

　　几乎与此同时，为了生计，大量陕甘流民也拥入新疆。这些人大都是靠卖苦力维持生计，也有一些人当兵从军。在清末，新疆最大的帮派组织是"哥老会"。其中，"北帮"的哥老会组织称为"迪龙山"，成员有五六千人之多，多为陕甘人。他们组织严密，定期开堂会，接受堂主指派，势力很大，前文提到的王高升便是该组织的一个头目，在哥老会中颇有影响。

一九一〇年三月初，恰逢迪化萧曹庙会。在庙会上，陕甘人和天津人发生了冲突，双方大打出手。正打斗中，天津籍骑兵营管代田熙年带兵勇赶来，驱赶殴打陕甘人，致使部分哥老会成员受伤，其中也包括王高升。

王高升等人自觉受了欺负，怎肯罢休，便相互联络，伺机报复，时间就选在四月初八的红山庙会。

按照惯例，每年的红山庙会，要连唱三天大戏。

1910年，王树枏在迪化

这日，正当台上的秦腔吼得荡气回肠之际，台下也演起了"全武行"，早已做好准备的王高升等人开始了对天津人的报复。由于天津人多为商人，平日里大都靠官府保护，加之没有准备，打起架来自然不是陕甘哥老会的对手。打斗中，直隶（含天津）人有七人被打死，伤者无数，而陕甘哥老会只伤一人。

骑兵营管代田熙年等人欲为同乡报仇，被上司制止。巡抚联魁担心事情闹大，便请在民众中颇具名望的王树枏出面调解处置，事情暂时平息下来。

不久之后，又生变故。骑兵营管代田熙年居然打死了曾参与红山庙斗殴的甘肃籍护兵蒋兴奎。这个蒋兴奎本是哥老会的人，在王熙年手下当兵。

看到哥老会的弟兄被人打死，王高升岂肯善罢甘休？他先是召集哥老会成员在迪化甘肃会馆开会，声言要为蒋兴奎报仇，随后，又带领上千人围堵巡抚衙署大门，要求面见巡抚联魁，惩办田熙年。

巡抚联魁不愿出面，便请王树枏前去解围。王树枏只得与联魁商议后面见王高升等人，答应立即将王熙年撤职查办。

事实上，此时已找不到田熙年的踪影，他已经藏匿到孚远城参将蒋松林的公馆之中。

七月初六日，王高升等人打听到田熙年的藏身之处，便又组织上千人围堵巡抚衙门，要求处死田熙年。

巡抚联魁派人出来劝说未果。

王高升等人一气之下捣毁了鸣冤鼓，带人火烧蒋松林公馆。随后，又闯入迪化县大牢，放出了六十多名人犯，围攻官钱局和藩台衙门，均被官府击退。

为泄愤，王高升等人又在北梁、大小十字、东大街一带放火，专烧津商店铺。

由于纵火者提前准备了石油等易燃品，加之风势作用，沿街的牌楼和店铺很快便淹没在火海之中。大火烧了一夜，大小十字以及东大街一带许多商铺毁于一旦。

匪首王高升在逃跑过程中被打死，另有数十人被官府抓获。

次日，在巡抚衙署门前的广场上，十几名纵火者被砍头，擅杀士兵的田熙年被枪毙，以平民愤。

发生此等惊天大事，联魁最初却想隐瞒不报。他命人严查邮电，以防泄露消息。但纸里包不住火，待到朝廷获悉此事并发电责问，联魁才向北京奏报。

《清实录》记载了联魁的奏折：

> 陆军马队第一营试署管带田熙年，因已革护兵蒋兴奎言语顶撞，气愤杀毙，致匪徒勾结无赖多人，借端煽惑，相率至巡抚衙门哄堂要挟，不服理喻，复打毁押所，放出押犯多名，放火抢劫，形同叛逆，当即调集营兵，弹压救护，将匪首王高升格杀，并枪毙拿获正法十余人，余匪窜逸。田熙年身为军官，逞愤擅杀，业已讯明正法……

朝廷复电要求，对被害商民，妥筹抚恤。

事发后，数千民众持商票纷纷兑换现银，形成挤兑风潮。巡抚联魁无计可施，只能请王树枏出面解决。王树枏以藩司名义发出通告：所有商票全部由藩库兑换，要求各个商铺立即开明出票多少，损失多少，由藩库领取现银，商户间连环保结。此外，由藩库拨出现银，补助商户，抓紧修筑被毁店铺房屋，待经营正常后再限期归还。

如此果断处置，市面逐渐安定下来，但王树枏的烦心之事还在后面。

以新疆之财政状况，维持平时的开支尚捉襟见肘，遇此突发事件，钱从何来？王树枏向全省各级官员劝捐，提出巡抚和布政使带头各捐银一万两，学政、臬台以下官员也都认捐。

事发十九日后，朝廷降旨，免去联魁巡抚之职。自此，联魁便再也不提认捐之事，部分官员也纷纷效仿，不再捐助。联魁作为封疆大吏，言而无信，令王树枏颇为不齿。

当王树枏将一万两个人捐款送到商户手中时，众商户劝道："巡抚大人都不认交，事同一律，我们如何能收？"王树枏说道："以联魁之作为看待我，是在辱我，你们收下便是。"众人感动落泪。

其后，王树枏想方设法，靠官捐和府库垫资，筹银三十九万余两，算是解了此次燃眉之急。

事实上，此时的王树枏心中充满了悲伤。就在几个月前，王树枏寄予厚望的长子政敷在开封去世，年仅四十岁。

政敷先后署理新郑、西华两任知县，政声尚佳，刚刚捐升道员却英年早逝，令王树枏悲痛不已。《哭长子政敷》诗云：

悲风起大漠，东顾涕滂沱。
芝兰萎庭除，玉树凋枝柯。
残年罹忧患，薄运多坎坷。
延陵适异国，卜夏悲西河。
哀宗遘不造，天祝将云何。
茫茫九泉路，逝水无回波。

俗语讲，祸不单行。不久之后，另一件令王树枏颇为郁闷的事情也不期而至了。

第九节　开缺离疆

一九一〇年，清宣统二年，除夕之夜。

在新疆迪化城内的寓所中，六十岁的王树枏与家人一起守岁，辞旧迎新。

回顾一年来所历风风雨雨，王树枏心绪难平。

花甲之年，突遭变故，仕途戛然而止，长子英年早逝，令王树枏难抑心中感伤。他走到书案前，提笔赋诗二首：

> 六十光阴若掷梭，客中赢得鬓霜多。
> 故乡风味年年在，冻雪煎汤煮毕罗。

> 一年偿罢精神债，午夜浇残磊魂胸。
> 绕膝团圆长儿女，不堪回首忆开封。

一九一〇年七月，联魁被免去新疆巡抚一职，原甘肃布政使徐彦昇接任新疆巡抚，不料他还未到任便因病去世。朝廷又任命袁大化出任新疆巡抚。

袁大化是安徽涡阳人，生于一八五一年，与王树枏同岁。他早年从军，曾任淮军幕僚，受李鸿章赏识，保荐至道员。一九〇六年，授山东按察使，后历任山东、河南布政使，署理山东、河南巡抚，一九一〇年十月受朝廷委任，成为清朝最后一任新疆巡抚。

也是在这年十月，王树枏被免去新疆布政使之职。其他被降职或开缺的官员还有提法使荣需、陆军协统周德金、副将徐积诚、参将郝忠裔、游击汤开祥、守备张九龄、知县张辅宸、参将蒋松林等人。

王树枏被免职的主因是这场烧毁"津商八大家"的迪化大火。此外，与王树枏素有嫌隙的候补道陈璋挟私诘告也是重要原因之一。

虽然朝廷最终认定"新疆藩司王树枏被参各节，皆无实据"，但仍以用人不当等缘由，将王树枏开缺，调京查验。

从史料中得知，王树枏被革职后的半年多时间，新疆官场出现了罕有的"真空"状态。一九一〇年十月，朝廷任命袁大化为新疆巡抚，但远在安徽的袁大化于第二年春天才动身赴任，长途跋涉数月后抵达新疆；王树枏于一九一〇年十月被免职后，朝廷有大约半年时间没有明确继任人选；提法使荣需被调离新疆后，朝廷命署理山西提法使的陈际唐出任新疆提法使。一九一一年四月，赴任途中的陈际唐又被朝廷擢升为新疆布政使，这样，陈际唐就成了大清朝最后一任新疆布政使。

袁大化抵达新疆后，对此前迪化大火的来龙去脉有了更详尽的了解，对有关的人和事也有了新的认知。

当他了解到王树枏在新疆布政使任上实心任事、多有作为，在官员和百姓中颇具名望时，为自己的草率行事感到懊悔。他对王树枏说："我初闻人言，你做事专横，有为难上司之势。为此，我还写信给长庚，请求将你调离。今一见你，实与所闻大相径庭。

失去一臂助，后悔莫及！"

　　袁大化希望王树枏能留在新疆，助自己一臂之力，并准备立即为此上书朝廷。

　　王树枏谢过了袁大化的诚意挽留，以回家尽孝之辞婉拒。他对袁大化说："我外出为官已二十五年，家中尚有八十多岁老母，正好借此回家团聚，稍尽人子之心，这也是天假之缘。"

　　见王树枏去意已决，袁大化也不再挽留。他就新疆近况及今后诸事问计于王树枏。王树枏也以诚相待，知无不言。

　　王树枏特地向袁大化讲了两件事：一是新疆情况特殊，开办学校不必与内地强求一律，可酌情撤并，以节省财力；二是《新疆图志》已编纂完成，应及时刊印。对王树枏所说之事，袁大化一一答应。

　　告别了袁大化，王树枏回到家中，开始安排离疆事宜，不知不觉已至深夜。来疆数载，王树枏对这片土地有了很深的感情，而今以这种方式离开，心中五味杂陈。他提笔作《思归四首》，抒发内心所感，其中一首诗中写道：

> 鲠喉空有恨，韬舌复何云。
>
> 筋骨嵇中散，琴尊柳季云。
>
> 争光耻魑魅，入室避虺蚊。
>
> 检点归田事，匆匆至夜分。

　　诗中提到的嵇中散是指魏晋时期隐居不仕的名士嵇康，柳季是指春秋时期以诚实守信而闻名的鲁国人柳下惠。诗人以古明志，爱憎分明的性格跃然纸上。

一九一一年夏末，王树枏辞别新疆的一众好友同僚，踏上了回京的旅程。考虑到此次进京要接受朝廷问询，之后如何安置尚未可知，王树枏并未携家眷随行。

他坐上俄国人的火车，经由西伯利亚铁路绕道中国东北返回内地。一路之上，听闻俄罗斯在沿途增兵，不免为孱弱的大清和多灾多难的国人担忧：

> 闻说天骄子，边城夜点兵。
>
> 忧时一溅泪，去国若为情。
>
> 湿火矛头出，飞沙帐外惊。
>
> 将军不好武，歌吹自升平。

当王树枏抵达京城时，大清王朝已是奄奄一息了。

一九一一年八月十九日，黄兴等革命党人在武昌发动起义，辛亥革命爆发。武昌起义后的短短两个月内，湖北、湖南、广东、陕西、江西、云南、江苏、浙江、安徽、贵州、广西、福建、四川等十几个省份纷纷脱离清政府宣布独立，革命之火已成燎原之势。

一九一一年十一月十二日，孙中山在南京就任临时大总统。一九一一年十二月廿五日，大清朝最后一个皇帝溥仪颁布逊位诏书，延续了二百多年的满清统治宣告结束。

皮之不存，毛将焉附。身为大清朝的官员，忽然成了清朝遗老，王树枏又该何去何从呢？

第六章　归隐京师

其释群经诸子，实事求是，一本之故训。其考舆地及纪泰西列国事，皆精确而具史裁。其为诗古文辞，则谨守家法，而于吾乡方姚诸先生之绪论，尤津津道之不厌也。其为书，虽浩博而戾于道者鲜矣，故可裨益世用。

——马其昶

第一节 绵山脚下

偕母竟归隐，此身焉用文。

山川仍似旧，鹿豕与为群。

渴饮洪中水，卧看绵上云。

卜邻居溢潆，从此号潜君。

一九一一年秋，王树枏应朋友之邀隐居山西介休，在绵山脚下的迎源堡买下一所宅院，并为此赋诗一首，名为《绵山下买宅》。

介休因春秋时期的介子推而得名。春秋时期，晋国发生内乱，公子重耳被迫流亡他国。在重耳十九年的流亡生涯中，介子推始终跟随左右，忠心耿耿，还曾割掉自己腿上的肉让重耳充饥，割股啖君的故事传为佳话。后来重耳终于返回晋国，继位成为晋文公。在封赏功臣时，晋文公却忘掉了介子推。介子推不辞而别，来到绵山隐居。听闻介子推居住在绵山上，晋文公亲自带人寻找，未能得见。晋文公寻人心切，命人烧山，想迫使介子推出山。遗憾的是，介子推至死也没有从山中走出来。

晋文公深感愧疚，改绵山为介山，将地名改为介休，将祭奠介子推的这一天定名为"寒食节"。

介休历史悠久，人文荟萃，旧时有"三贤故里"之称。所谓三贤，是指春秋时期的介子推，东汉名士郭林宗及北宋名臣文彦博。

王树枏隐居的村庄名叫迎源堡，村中住户多为郭姓，据说都是郭林宗的后人。他之所以选择居住于此，想必也是为了致敬先贤，借以表明自己的归隐之心。

王树枏在迎源堡买宅之后，将母亲接到身边，同时函告远在新疆的家人来此团聚。

从此，王树枏自号"绵山老牧"，正式过起了隐居生活。

一九一二年正月初一，一位不速之客来到介休迎源堡，拜访了隐居于此的王树枏。

来人是临时大总统袁世凯派来的特使。他带来了袁世凯的手谕，召王树枏进京，任命为宣慰使，前往陕西劝降升允。

曾经的陕甘总督升允已于三年前被革职，总督之职由新疆伊犁将军长庚接任。武昌起义爆发后，升允又被朝廷重新启用，担任陕西巡抚，总督陕甘军事。接受任命后，他率领四千名甘军旧部，以"勤王"为名由甘肃杀入陕西，兵锋直指西安，企图奉迎溥仪西行并建立偏安西北的小王朝。升允的兵卒皆强悍之士，战力很强，接连攻下十八座城池。虽然溥仪已经退位，而升允仍不改初衷，不肯罢兵。

考虑到王树枏在甘肃和新疆时为升允的部下，且私交甚笃，袁世凯遂派人请王树枏出山，担任宣慰使，劝升允罢兵。

王树枏对袁世凯的所作所为颇为不齿，因而断然拒绝了这项任命。他对使者说道："我不能为乱臣贼子做辞客！"

新疆与内地远隔数千里，加之甘肃一带正在打仗，道路不通，王树枏的家眷返回时颇为不易，一度被隔绝在兰州城。好在王树枏的好友杨增新派专人保护，袁大化也致电甘肃、陕西两省的都督，派兵勇护送，并赠送路费，回程未出现任何意外状况。为减少远行负担，王树枏的家人将六十余箱书籍寄存在了兰州城。

几个月后，王树枏与家人团聚，甚感欣慰。

欣喜之余，他又为那六十余箱书籍的命运担忧起来。这些书是他几十年来的著述与收藏，如若毁坏或遗失将是终生憾事。

他先是委托西北名将马福祥代为运送，许久未获讯息。之后，又写信给朋友慕寿祺，请他代为筹划。慕寿祺为甘肃人，举人出身，曾入同盟会，时任甘肃省议会议长。王树枏在信中提出，可将货物托天津羊毛商人经宁夏转运至包头，再由包头运至碛口，之后距离介休就只剩三日旱路了。

在朋友的帮助下，几经辗转，这六十余箱书籍运到了介休，王树枏终于放下心来。

一九一二年，隐居介休的王树枏撰写完成了《武汉战纪》一书。全书共七千余字，用纪事本末体详细记述了武昌起义中革命军与清军争夺武汉三镇的全过程。

作为史家的王树枏，隐居期间用大量笔墨撰写《武汉战纪》，更多是出于记录历史的本能，其政治立场与当时很多清朝遗老大同小异，有其历史的局限性，理当予以摒弃。但他在书中对武汉重要战略地位的透彻分析以及提供的大量历史信息，成为后来历史研究的重要参考。王树枏对武汉三镇有如下描述：

武汉者，南北之枢纽，水路之咽喉，自古为兵争之地……盖
自战略上之地理观之，则兵家之积中地。自政治上之地理观之，
则商务之交会地。以言陆地，武昌之东，以洪山为近障，汉阳之
西，以四平山、黑山、大别山（即龟山）为方城，汉口之北，以
武胜关为要塞。以言水路，扼长江、襄河之天险，据田家镇之门
户。而兵工、火药、钢铁诸厂，近数十年经营缔造，其力又足以
济诸行省而取用不穷。且铁路直达京师，交通便捷，实四方之锁
钥，全国根据之区正，不独一省之大都市也。

虽隐居介休，但王树枬也时刻牵挂着住在开封的家人，故而
时常往返于介休与开封之间。

在古城开封，王树枬也有不少志趣相投、诗画俱佳的好友，
其中诗文唱和最多者非开封名士黄璟莫属。

黄璟，字小宋，生于一八四一年，曾在河南多个县、州任职，
清帝退位前任河南豫南道道员。他寓居开封多年，诗、书、画、
印皆精，是晚清时期著名诗人、学者和书画家，有多幅画作存世。
其中，自绘《图画平生官迹题诗长卷》，流传后世；画于一八七四
年的山水立轴，也深受后世藏家青睐。他的一副楹联"二十从军、
三十出宰、五十做牧、七十巡方，倦游嵩洛归田去；怡园梦草、
陶园栽花、葵园锄莽、宋园种药，小筑楼台近水居"，十分巧妙地
道出了自己平生经历，令人叫绝。

在王树枬的诗集中，有《题黄小宋观察〈琴鹤归州图〉》《十
月二日为小宋观察七十一寿辰自制寿诗见示，赋此答之，并以为
祝》《连日阴雨，岑寂无聊。今日午后约小宋观察为怡怡园之游，

以诗速之》《十月十三日登禹台，返游黄园，简小宋》《题黄小宋〈壮游图〉》等多首诗作。从题目便知，王树枬为黄璟做了许多题画诗。一位是书画名家，一位是诗词高手，二人珠联璧合，相得益彰。从《题黄小宋道冠小影用辘轳格》一诗中，或可管窥二人诗画之交的风雅与超然：

> 洞里桃花去不还，尚留泡影在人间。
> 伤心清浅蓬莱水，访道依稀句曲山。
> 旧梦壬辛成大觉，新诗甲子独编年。
> 会当杖履随公去，披发扶桑看大千。

　　一九一七年，王树枬还为黄璟作《黄小宋四百三十二峯草堂诗序》。一九二〇年，黄璟去世，王树枬又为其撰写了《黄小宋观察墓志铭》。

　　在赋闲隐居的这段时光，王树枬侍奉老母，享受儿孙绕膝的天伦之乐，颇为惬意。从《六十自寿》这首小诗中，不难体会王树枬耳顺之年的云淡风轻：

> 昆仑万里还家，儿孙绕膝喧哗。
> 争索袖中核桃，高烧炬上莲花。

　　王树枬平素喜欢收藏，尤其喜欢收藏古代碑刻。在介休隐居期间，他向当地著名诗人、收藏家郎营周买入一批汉魏六朝古砖，并在多年研究的基础上，于一九三五年经商务印书馆印行了《汉魏六朝砖文》上、下两巨册。为此书题诗、跋的名人雅士有徐世昌、徐树铮、姚永概、吴闿生、朱德裳、黄维翰、涂凤书、金兆丰等十五人之多。对汉魏六朝砖文的研究，也给王树枏的晚年生活带来不少乐趣。

第二节 纂修清史

柱下楼迟岁几更，日操麟笔坐书城。

鲲鹏变化思初步，龙马精神老更成。

高卧山中瘦居士，清谈洛下旧风情。

煌煌二百余年事，独抱斯文答圣明。

这首诗是王树枏为清史馆馆长赵尔巽八十四岁寿辰而作，时间是一九二七年初夏。此时，赵尔巽以及总纂王树枏等人，已经在清史馆度过了十四个春秋。

一九一四年初，北洋政府国务院请求设立清史馆。呈文中说："尤宜广召耆儒，宏开史馆，萃一代人文之美，为千秋信史之征。"

时任民国大总统袁世凯批准了国务院所请。批文中说："应即准如所请，设置清史馆，延聘通儒，分任编纂，踵二十四史沿袭之旧例，成二百余年传信之专书。用以昭示来兹，导扬盛美。"

随即，北洋政府在东华门内设立了

赵尔巽

清史馆，聘请曾任东北三省总督的赵尔巽出任馆长一职。

赵尔巽虽非史学家，但做事颇为严谨，且能知人善任。他到任后，"近取翰院名流，远征文章名宿"，聘请了一大批文史名家入馆修史，其中就包括王树枏。此外，还有柯劭忞、缪荃孙、夏孙桐、马其昶等著名学者八十余人。

开馆伊始，北洋政府每月给清史馆拨款十万余元，馆内经费相对充裕，编纂人员的薪酬也颇为丰厚。作为总纂，王树枏每月可有六百元收入，仅次于每月八百元的馆长赵尔巽。

在随后的十几年间，经历了袁世凯称帝，革命军讨袁，黎元洪上位，张勋复辟，段祺瑞讨逆，徐世昌议和，直皖大战，直奉交兵，曹锟就职，冯玉祥倒戈，溥仪出宫等诸多历史事件。伴随着时局动荡，纂修清史之事命运多舛，举步维艰。

一九一七年，张勋复辟，导致史馆闭馆数月。复馆后，政局日趋混乱，北洋政府的财政捉襟见肘，给史馆的拨款骤减，从当初的十万余元减少到三四千元，还时常不能按时拨付。更有甚者，有时还以国库券、公债券代之，最严重时分文未有。馆中的编纂人员也大幅减少，一度由早期的八十六人减少至十四人。

尽管史馆经费不能保障，薪酬锐减，甚至有时分文不发，但王树枏始终如一，从不懈怠。

在王树枏自订年谱《陶庐老人随年录》中，从一九一四年到一九二七年间，每年都有"在史馆"的记载。

一九二一年，王树枏在北京西直门北草场胡同买了一处宅院。

从北草厂胡同到东华门清史馆有不短的路程，年迈的王树枏每天坐着一驾破马车，来往于史馆和家之间，很是辛劳。

修史是一件颇为复杂的事情，编纂人员对历史人物、事件的记述和评价各持己见、争论探讨是司空见惯之事。

当史馆同人为某一问题争吵不休时，年逾七旬的王树枏偶尔也会像年轻人一样激动起来，大声争论，甚至会举起拐杖。每到这时，同为总纂的柯劭忞就会喊："晋卿要打人了！"大家的争吵才会停下来。王树枏修史过程中的敬业与严谨由此可见一斑。

按照分工，王树枏在史馆撰写的志稿主要有：《咸同列传》《属国列传》《食货志》《地理志》《度量衡表》《逸民传》《叛逆传》等。

《咸同列传》共收录二百五十人，其中正传一百三十人，附传一百二十人。其中包括咸丰、同治年间的曾国藩、李鸿章、左宗棠、骆秉章、胡林翼、沈葆桢、刘坤一等众多官员的传记。王树枏撰写的传记，彰显人物特点，突出人物功绩，善于运用春秋笔法，将褒贬融于叙事之中，语言凝练、生动。

王树枏所撰《曾国藩传》，全篇九千一百余字，详述了曾国藩不平凡的一生，文笔精妙。在描写曾国藩样貌及性情时写到："国藩为人威重，美须髯，目三角有棱。每对客，注视移时不语，见者竦然，退则记其优劣，无或爽者。"在记述曾国藩治学及为人时写到："天性好文，治之终身不厌，有家法而不囿于一师。其论学兼综汉、宋，以谓先王治世之道，经纬万端，一贯之以礼。……晚年颇以清静化民，俸入悉以养士。老儒宿学，群归依之。尤知人，善任使，所成就荐拔者，不可胜数。一见辄品目其材，悉当。时举先世耕读之训，教诫其家。"传记最后，王树枏还将曾国藩与蜀汉诸葛亮、唐朝裴度以及明朝王阳明相提并论，评价甚高。

王树枏所撰《李鸿章传》，全篇近八千五百字，记述了李鸿章一生的是非功过。传稿中突出李鸿章"尤善外交"的特点："独主国事数十年，内政外交，常以一身当其冲，国家倚为重轻，名满全球，中外震仰，近世所未有也。"谈到李鸿章被人诟病之处，亦不讳言，指出："惟才气自喜，好以利禄驱众，志节之士多不乐为用，缓急莫恃，卒致败误。疑谤之起，抑岂无因哉？"

王树枏所撰《左宗棠传》，全篇九千七百余字，充分肯定了传主平定西北，收复新疆的历史功绩。王树枏在传稿中突出了左宗棠的不凡经历及性格特征："道光十二年举人，三试礼部不第，遂绝意仕进，究心舆地兵法。喜为壮语惊众，名在公卿间。尝以诸葛亮自比，人目其狂也。"对于左宗棠的为人，王树枏称赞其诚信、廉洁、勤奋："其志行忠介，亦有过人。廉不言贫，勤不言劳。待将士以诚信相感。"在传记中还谈到左宗棠与曾国藩之间的关系："初与国藩论事不洽"，但当听说曾国藩去世的消息后，左宗棠感慨言道："谋国之忠，知人之明，自愧不如。"

王树枏在编纂《属国列传》时，以中国为中心，按顺序将十八个属国依次展开记述，分别为：朝鲜、琉球、越南、缅甸、暹罗、南掌、苏禄、廓尔喀、浩罕、布鲁特、哈萨克、安集延、玛尔噶朗、那木干、塔什干巴达克山、博罗尔、阿富汗、坎巨提。在史稿中，王树枏细数属国与大清渐行渐远之经过，剖析藩篱尽失的原因及危害："内乱频仍""国力凋敝""和战无常"造成"国威扫地""藩篱撤而堂室危，外敌逼而内讧起"。随着大清国力日衰，外交保守软弱，列强不断侵略，藩属体系最终瓦解。

此外，王树枏还撰写了《食货志》六卷、《地理志》二十七卷，以及《度量衡表》《逸民传》《叛逆传》的部分内容。

一九二七年，赵尔巽的身体每况愈下。他自知时日无多，希望自己去世之前能看到成书，因而主张以《清史稿》的名称刊印。

一九二八年秋，《清史稿》（关外本）刊印成书，共五百三十六卷，八百余万字。此时馆长赵尔巽已经去世，没能看到自己耗费十四年心血修纂完成的《清史稿》面世，不能不说是件令人遗憾的事情。

后来，留在史馆的编纂人员在审阅《清史稿》时发现，"关外本"有诸多改动内容，遂将剩下的七百部史稿加以抽换改正，成为人们常说的"关内本"。

由于《清史稿》在仓促之中成书，没有经过充分审定，因而后世只称其为"稿"，而非正史。

在中华书局出版的《清史稿》发刊缀言中，刊列出"关内版"和"关外版"两个版本的史馆职员名单，两份名单有多处不同。但无论哪个版本，王树枏都是排在总纂代馆长柯劭忞之后，位列第二的总纂，这从一个侧面显示出王树枏在纂修《清史稿》过程中的重要作用。

几乎是在清史馆开馆的同时，北洋政府国

1914年，王树枏在北京（前排右二为王树枏）

史馆也正式开馆。国史馆馆长由八十高龄的著名学者王闿运担任，王树枏受聘担任国史馆总纂，同时还会聚了江瀚、胡玉缙、刘若曾、曾广钧等众多学界名家。在王树枏的著述中，记述清史馆的内容颇为详细，但记述国史馆的文字却寥寥无几，这又是何故呢？

北洋政府国史馆建立之初，组织规格较高，政府资金支持及后勤保障方面得天独厚，各方面条件要比清史馆更为优越。但由于馆长王闿运志不在此，疏于管理，被人称为尸位素餐，很快便负气回湘。一九一六年王闿运去世，国史馆停办，一切事务由教育部接管，以北京大学下附设国史编纂处的形式继续开展工作。一九一九年复归属国务院，一九二七年改回国史馆之名，后随着北洋政府的倒台而解散。

北洋政府国史馆存续期间，不但没有按时编写历年大事记，也未完成相关人物传记等史料，可谓乏善可陈。其成绩无法同清史馆相提并论。这或许就是王树枏不愿提及国史馆的原因吧。尽管如此，王树枏在国史馆也并非一无所获，他在那里结交并培养了一批年轻才俊，其中就包括后来为他撰写墓志铭的云阳才子涂凤书，本书后面对他还有专门记述。

第三节 同年菊人

西来一片太行色，下有三分水竹居。

种秫久储彭泽酒，裁幡重补夏峰书。

偶吟花下依仙鹿，懒向人间钓大鱼。

世外乾坤双束手，鸡虫得失不关渠。

这首诗名为《题徐菊人相国〈水竹村图〉》，是王树枏为同年好友徐世昌所作的题画诗。

徐世昌是何许人？在清末民初恐怕无人不晓。作为重要幕僚，他曾协助袁世凯小站练兵；作为满清重臣，他曾担任军机大臣、东北三省总督、署理兵部尚书、邮传部尚书等职；作为大学士，他曾是末代皇帝溥仪的老师；作为袁世凯的盟友，他曾出任北洋政府国务卿；作为各派都能接受的政治人物，他被选举为中华民国总统……

徐世昌

徐世昌字卜五，号菊人，世人多称之为徐菊人。因出生于河南卫辉，建宅于水竹村，晚年也号称水竹村人。

从一九一四年到一九二二年的九年间，王树枏与徐世昌往来频繁，交流很多。

在徐世昌的日记中，有十几处记载了他与王树枏见面、饮酒、赋诗、编书等事："一九一四年十一月初四日，晨起，到公府办公，午刻归。饭后办公，写字，会客。王晋卿同年树枏在此久谈。""一九一五年二月廿二日，宴客：方丹石、王晋卿、王鹤芝、赵湘帆、王荫南、贺性存、朱铁林，久谈。""一九一六年四月十七日，晨起，作诗一首，写字，看书，……王晋卿来，王聘卿、段芝泉来，在此久谈。""一九一六年七月十四日，饭后写字，小憩，看书，王晋卿来久谈。""一九一七年三月初五日，午刻到城外先哲祠赴王晋卿同年宴集之约，座皆宿雅文士，谈良久。"

在王树枏的诗集中，有《次韵菊人相国送归新城度岁》《盆梅呈徐相国》《谢东海徐公惠鲫鱼》《东海徐公偕同社诸君九日宴团城，予适归省，未与其会，返京后樊山以诗索和，次韵答之》《题徐大总统烟树晴峦图》《寿徐公七十》等多首记录与徐世昌交往的诗词。

前文提到过，王树枏对袁世凯颇为反感，称他为"乱臣贼子"，可为何与袁世凯的重要盟友、结义兄弟徐世昌过从甚密、相谈甚欢呢？更多细节我们无从知晓，但主因无外乎两条：

其一，二人乃科举同年。王树枏与徐世昌同为清光绪十二年即一八八六年进士。

在有清一代，科举同年不是简单的同学关系，而是很重要的政治资源。比如，袁世凯初到天津小站练兵时，被人举报克扣年饷、诛杀无辜，朝廷派荣禄与陈夔龙前去调查。因陈夔龙是徐世昌的进士同年，从中斡旋，才使袁世凯逃过一劫。

虽然王树枏与徐世昌中进士后一人去四川为官，另一人在翰林院坐了十年"冷板凳"，两人在清帝退位前往来不多，但进士同年之谊为日后二人的频繁交往奠定了基础。

其二，两人均主张革新，倡导洋务，对大清朝廷有着颇为复杂的情感。

王树枏担任新疆布政使时，改革税制，发行纸币，兴办实业，创设邮政，大兴教育，政绩有目共睹，此处不再赘述。

几乎与此同时，徐世昌担任东北三省总督，惩治腐败，更新吏治，广招人才，注重效率，维护主权，施行近代化建设，成绩斐然，世人称为"东北新政"。清朝皇室成员载涛从欧洲考察回国时，途经奉天（今沈阳），见马路、电灯、军警无不具备，街市焕然一新，几乎能与欧洲媲美，由衷叹服："非他省疆吏所及。"回京后，他还向朝廷力荐重用徐世昌。

尽管王树枏两度被参革罢官，对大清官场腐败深恶痛绝，但当清朝覆灭，袁世凯邀请他出山时，出于对大清的感情和忠诚，他坚辞不就，从此再也未入官场。

徐世昌的情况则更为复杂。当清帝退位，袁世凯担任大总统后，世人都以为国务卿一职非徐世昌莫属，可他却隐居青岛，拒不出仕。两年后的一九一四年，在袁世凯的再三恳请下，徐世昌出任了国务卿一职。他刚刚就任，就开办了清史馆和国史馆，在聘请王树枏为"两馆"总纂的同时，还请他主持编纂《畿辅先哲传》一书。

所谓畿辅先哲，是指直隶一带的先贤。有资料记载，徐世昌祖籍浙江宁波，明代北迁北京，满清入关时南逃至天津落户。作为出生在河南卫辉，且曾祖父、祖父均在河南为官的徐世昌来讲，为何刚刚就任国务卿就要为畿辅先哲修传呢？这固然与他酷爱修书、修史有关。但从袁世凯称帝前徐世昌坚决辞职的表现来看，此时为畿辅先哲修传，或许有政治上的考量。通过强调自己直隶人的身份，进而在政治上与袁世凯适度切割，似乎更符合徐世昌"水晶狐狸"的雅号。

对于编纂《畿辅先哲传》，徐世昌很是用心。在他的日记中有多处相关记载："一九一四年十一月初十日，晚宴同乡纪香骢、王晋卿诸人，商办畿辅文献纂辑各事。""一九一五年三月十二日，午刻出城，到畿辅先哲祠同乡春祭。祭毕，到征求畿辅文献局查看，与诸君谈。因清史馆征书恐有遗漏，特设此局。请王晋卿同年纂辑应人儒林文苑各传底稿，以为史馆之助，所有经费余独任之。开局数月，已成书数卷矣。"文中所说纪香骢是纪晓岚的五世孙、直隶沧州的著名诗人纪钜维。

《畿辅先哲传》所收入的人物，籍贯以直隶地区为限，分为八个门类记述，分别为：名臣传七卷、名将传二卷、师儒传九卷、文学传八卷、高士传一卷、贤能传八卷、忠义传三卷、孝友传二卷，共计四十卷，包括附传在内共收入一千八百六十六人。

王树枏还为《畿辅先哲传》撰写了"序"和"序录"，徐世昌撰写了"例言"。

王树枏在该书的"序"中写道："皇畿为首善之区，海内通才硕士麟萃都下。生其间者，耳目渐染，取法最近，亦濡化最先。故二百数十年来，畿辅人才之众，几甲天下。"

徐世昌为王树枏著述题跋

《畿辅先哲传》所收畿辅地区人物数量之多，每传之详备，都大大超过了《清史稿》《清史列传》《畿辅通志》等书，对于研究清史、中国近代史、京津冀地方史有着重要的史料价值。

在编纂《畿辅先哲传》的同时，王树枏还参与了《大清畿辅书征》的纂修工作。按照"以人存书，以书存人"的原则，只要是有书目可查辑者，皆在搜罗之内，共搜得书目四千一百八十种，保存了直隶地区大量的文献著作，成为学界研究不可或缺的重要史料。

也是在此期间，王树枏还完成了《学记笺证》四卷、《说文建首释义》四卷、《周易释贞》二卷，并代徐世昌撰写了《将吏法言》八卷。

一九一八年，徐世昌出任民国大总统，王树枏受聘担任总统府顾问。

早在一年前，徐世昌就与王树枏等人谈论过成立诗社之事。

《徐世昌日记》载："一九一七年正月二十日，午刻约马通伯、姚叔节、柯凤孙、吴辟疆、王晋卿、徐又铮、王荫南、贺性存宴集久谈。"

不久之后，徐世昌在总统府成立了晚晴簃诗社，邀请包括王树枏在内的一大批文坛名士编纂《晚晴簃诗汇》，后人也称之为《清诗汇》。徐世昌在日记中多处记载了与诗社同人的往来："一九一八年二月十九日，午刻约柯凤孙、王晋卿、马通伯、秦袖蘅、张珍吾、赵湘帆、吴辟疆小集。"

"一九二〇年十二月初六日，晨起，在后乐堂阅公牍，见文武官，写字，作画。午刻到西园占晴课雨轩，约王聘卿、王晋卿、柯凤孙、赵湘帆、贾来臣、李珮聪、曹理斋宴集。"

徐世昌在日记中提到的王聘卿是北洋三杰之一的王士珍，徐又铮是人称"小徐"、文武双全的皖系名将徐树铮，其他多为同城派传人，如马其昶、姚永概、吴闿生、赵蘅、贺葆真等。

《晚晴簃诗汇》收录了有清一朝六千一百多人的两万七千余首诗，堪称清代诗学文献的集大成之作。

一九二二年，直奉大战，奉军战败。吴佩孚逼令徐世昌下野，由黎元洪暂行总统职权。

此后，徐世昌避居天津，以书画自娱，与住在北京的同年好友王树枏等人就很少见面了。

在徐世昌七十岁生日时，王树枏为他赋诗一首：

一生忧乐关天下，百代兴衰在眼中。
肃肃风姿嵇叔夜，昭昭心迹狄梁公。

斩鲸跨海成虚愿，野鹿乔枝想大同。

袖里乾坤随出处，风云常护析津东。

诗中提到的嵇叔夜乃魏晋名士嵇康，狄梁公指唐代名臣狄仁杰。王树枬将徐世昌与二位先贤相提并论，应该是很高的评价了。

徐世昌担任总统五年，恰逢军阀割据、政局动荡的特殊时期。难能可贵的是，在错综复杂的局面之下，他能审时度势，派兵收复了唐努乌梁海地区和外蒙古，使一百八十多万平方公里的失地重新归入中国版图。有了这样的功绩，赢得好友王树枬的高度赞誉也就不足为怪了。

除徐世昌外，宋伯鲁、柯劭忞、裴景福、张元奇、宋育仁、秦树生、林鹍农等科举同年也偶尔与王树枬在京城小聚。与诸位科举同年一起饮酒赋诗，畅叙友情，成为王树枬晚年的一件乐事。

第四节　桐城师友

在晚清的中国文坛，有一句耳熟能详的话："天下文章出桐城。"这里所说的"桐城"，是指由安徽桐城文人开创的文学流派"桐城派"，也称"桐城古文派"。

桐城派诞生于清康熙年间，绵延至民国初期，影响中国文坛二百余年之久。

桐城派做人讲求气节，弘扬忠诚、谦逊、清廉之风，二百余年间未出一个贪官污吏，为人称道；做事讲求民本，办教育，兴水利，重农事，百姓称许；做文章讲求传承，师法自然，清正风雅，代代相传又代代出新。

早期桐城派的代表人物有戴名世、方苞、刘大櫆、姚鼐。因四人均为安徽桐城人，被后世尊为"桐城四祖"。

戴名世是桐城派继往开来之人，被称为"桐城派先驱"；方苞以简言精实的文风在文坛独树一帜，被称为"桐城派的奠基人"，他的《狱中杂记》《左忠毅公逸事》等文章广为流传；乾隆时期，刘大櫆继承并发扬了方苞的文风，培养出姚鼐、王灼等文坛名家；而姚鼐则成为带领桐城派走向兴盛的集大成者，其弟子梅曾亮、管同、方东树、姚莹被称为"姚门四杰"。

一八四〇年鸦片战争以后，大清国力日衰，桐城派也曾一度了无生气。后来，是湖南湘乡的曾国藩扛起了振兴桐城派的大旗。

曾国藩自幼酷爱古文，尤其喜欢桐城姚鼐的文章。他在著述中对姚鼐的古文赞赏有加："举天下（古文）之美，无以易乎桐城姚氏者也。""固为百年正宗。"曾国藩虽非姚鼐的嫡传弟子，但他以姚鼐为师，并深得桐城派文人的认同。他曾命儿子曾纪泽作古今三十二圣贤画像，将姚鼐列入其中。在北京读书之时，曾国藩时常去拜访姚门四杰之一的梅曾亮，探讨交流古文之法。

曾国藩的文章，不仅继承了桐城派的写作特点，还在实践中推陈出新，摸索创立了珠圆玉润、骈散合一的笔法，被后人称为"湘乡派"。

在曾国藩的弟子之中，有四人最负盛名，俗称"曾门四弟子"，分别是张裕钊、吴汝纶、黎庶昌和薛福成。其中，对北方文坛影响最大者当数张裕钊和吴汝纶。正是此二人引领并开创了影响北方乃至全国的文学流派"莲池学派"。

张裕钊和吴汝纶先后主讲保定莲池书院十余年，其间不仅南方桐城派古文名家、学子络绎而来，北方士人也齐聚桐城派的大旗之下。在保定莲池书院的引领下，逐渐形成了以张裕钊、吴汝纶等桐城名家为核心，以直隶人士为主体的畿辅古文圈，后世称之为"莲池学派"。

在莲池学派的直隶名家中，最具代表性的是王树枏与贺涛，二人并称为北方一代文士。

贺涛字松坡，直隶武强人，为张裕钊、吴汝纶门下弟子。当年王树枏卸任冀州信都书院山长后，继任者便是贺涛。多年后，吴汝纶卸任莲池书院院长，贺涛又追随恩师的足迹主讲直隶文学馆（前身为保定莲池书院）。

王树枏与贺涛同为一八八六年进士，相交甚笃。贺涛中年以后患眼疾，但他仍坚持带病为王树枏点评文章十六篇之多，令王树枏颇为感动。贺涛病逝于一九一二年。在《故旧文存》中，王树枏选录了贺涛的八篇文章，以示感恩与缅怀。

王树枏早年就读保定莲池书院时，就与吴汝纶交好。中举后，王树枏应吴汝纶之邀主讲冀州信都书院，二人时常讨论古文之法，朝夕过从甚密。受吴汝纶的影响，王树枏逐渐摒弃骈文，专攻古文。

一八八三年，吴汝纶与王树枏共同推荐张裕钊主讲保定莲池书院，也成就了张裕钊与王树枏的师友之谊。张裕钊在古文方面造诣颇深，乃古文名家。在王树枏的《陶庐文集》中，收录了多篇张裕钊评点的文章。在与张裕钊的古文交流和诗文唱和中，王树枏获益良多。在编纂《故旧文存》时，王树枏收录了八篇张裕钊的文章，以示敬重与怀念。

对于王树枏在桐城派中的师承与影响，钱锺书之父钱基博先生认为：王树枏与张裕钊、吴汝纶为互相敬重的好友，而非师生关系。王树枏不靠师承关系标榜门

王树枏《故旧文存》

王树枏《故旧文存》之张裕钊小传

户，乃君子之风。钱先生在文章中说："自裕钊、汝纶主讲保定之莲池书院，先后十余载，北方学者多出于其门。……惟树枏亦适以文学崛起于是时，且于义理、考据、辞章三者皆有深得，其为文尤有合于国藩标举之旨。裕钊、汝纶并皆引为畏友，不在弟子之列。而树枏生平亦雅不欲标榜门户，谬托师承。顾当北学绝续之交，独能异军突起，以与东南争一席之……可谓豪杰特立之君子者已。"

王树枏与曾门四弟子中的另外两人也交游甚好。

早年在保定莲池书院时，王树枏就与薛福成成为好友。在王树枏的《陶庐笺牍》中，收藏有薛福成写给王树枏的三封书信，分别讨论了《汉书》及中日关系等内容。薛福成曾先后担任驻英国、法国、意大利和比利时等国公使，颇有国际视野。他的一些思想和观点在王树枏撰写的《清史稿》之《属国列传》中也有所体现。

王树枏在四川为官时，黎庶昌为川东兵备道，二人交往较为密切。黎庶昌曾出访过欧洲多国及日本，是近代外交家，古文功底深厚，著述颇丰。王树枏在撰写有关欧洲的著作时，也参考了黎庶昌的文章及观点。在编纂《故旧文存》时，王树枏收录了黎庶昌的五篇文章。

王树枏晚年寓居京城，身边好友多为文人雅士，其中核心人物大都是桐城派传人。如马其昶、姚永朴、姚永概、吴闿生、贺葆真、赵衡等人。

马其昶，字通伯，安徽桐城人，受业于方东树、戴钧衡，师从方宗诚、吴汝纶，以文学负盛名，被认为是继曾国藩四大弟子后成就最高者。马其昶曾主讲庐江潜川书院，协助吴汝纶办学并

马其昶

出任桐城中学堂堂长、县议会会长、安徽高等学校校长，后进京受聘法政学校教务主任、参政院参政、清史馆总纂等职。

姚永朴、姚永概兄弟也是安徽桐城人，为姚鼐的后人，祖父是姚莹。二人都曾师从吴汝纶，其中姚永概在莲池书院跟随吴汝纶治学九年，得其真传，后应首任北大校长严复之邀担任北大文科学长，应徐树铮之聘任北京正志学校教务长。

王树枏与马其昶及姚永朴、姚永概两兄弟相交甚笃，过从甚密。作为桐城派的代表人物，又同为《清史稿》的撰稿人，王树枏与马其昶及姚氏兄弟志趣相投，时常互相点评文章，诗文唱和，乐此不疲。

王树枏分别为马其昶的《抱润轩文集》、姚永概的《慎宜轩文集》以及姚永朴的《蜕私轩集》作序，而马其昶和姚永概也为王树枏《陶庐文集》作序。在清史馆，王树枏纂修《咸同列传》，而马其昶撰写《光宣列传》，二人时常互相商榷订正，修改润色，探讨交流，相得益彰。王树枏的母亲去世后，马其昶还专门为其撰写了墓志铭。

一九二四年夏，年仅五十九岁的桐城派传人姚永概病逝。闻此噩耗，王树枏深感悲伤，作挽诗缅怀好友：

> 桐城文派守家传，隐隐千钧一线牵。
> 熟料斯人有斯疾，倘非成佛定成仙。

等身著述皆千古，偻指神交近千年。

一昨送君曾几日，不堪挥泪望南天。

六年后，有桐城派"殿军"之称的马其昶因病离世。作为好友，王树枏为他撰写了墓志铭。王树枏称马其昶是"吴挚甫之后以古文独步大江南北者一人而已"。

在王树枏的诗集中，有一首描写冬日里围在火炉旁读马其昶文章的诗，凸显了王树枏对好友马其昶的欣赏与崇敬之情。《赠通伯》诗云：

满城风雨正凄凄，十载联床赖奖提。

一代文章关事变，千秋著述与身齐。

高情杳眇思云鹄，盛气消除到木鸡。

小雪围炉无个事，把君新作写鹅溪。

王树枏在桐城文人圈中浸润几十年，不仅汲取了桐城派文法之精髓，而且做到不为古文义法所拘，自成风格，深得名家喜爱与褒奖。

李鸿章在与亲友的通信中，多次称赞王树枏的文笔"妙绝"，并称其文章为"北方之魁"。王树枏的进士同年，清史馆代馆长总纂柯劭忞在《陶庐文集》序言中，高度评价王树枏的才学，认为继明代唐顺之之后，"学足以周其用，才足以用其学者，晋卿一人而已"。马其昶在《陶庐文集》序言中说："曩余客保定，则尝闻王晋卿先生文学为北方称首……"姚永概也在文章中提到"北方文学巨子首推新城王晋卿……"

一九一九年五四运动后，北京大学校长蔡元培远走南方，临行前他在《北京大学日刊》上发表了辞去北大校长的启示。经北洋政府研究，先后拟任命马其昶、王树枏接任北京大学校长。这固然与总统徐世昌和教育总长傅增湘的桐城派背景有关，但就当时桐城派在学坛的地位以及马其昶、王树枏在南北学界的资望而论，二人主掌北京大学也算是上佳的选择。对此，马其昶未作任何回应，而王树枏则坚辞不就。二人拒绝的原因或许有很多，但有一点可以肯定，他们与京城知识界挽留蔡元培的意见一致，希望自己不要成为蔡元培返京复任的障碍。

抛开复杂的政治因素，仅从王树枏能够成为北京大学校长候选人这一点，便可探知他在当时学界的重要地位与影响。由此言之，在清末民初，王树枏堪称北方学界领军人物，其文学巨子之位可谓实至名归。

第五节 东瀛之行

一九二六年十月，茫茫东海，烟波浩渺，水天一色，一艘客轮在海浪的拍打与摇曳声中缓缓东去。

年逾古稀的王树枏坐在客舱中，透过舷窗望向空蒙的远方，手捻花白的须髯陷入沉思。

王树枏此行是以东方文化事业委员会委员兼人文科学研究所副总裁的身份，前往日本开文化会，商议纂修《续四库全书提要》条例事宜。

早在一九二三年，日本国会通过了《对华文化事业特别会计法案》，后经与中国政府协商、换文，组建了东方文化事业总委员会，开展资助中日文化交流、补助中国留日学生学费等活动。

在当时，无论民国政府、文化教育界，还是留日学生，对日本仍抱有一些幻想，希望通过中日间的文化合作，改善中日关系，增强自身国力，这次东方文化会便是合作内容之一。此次与王树枏同行者还有应邀参会的柯劭忞等人。

王树枏一行人乘坐的是一艘日本籍客轮，船长沟口先生对中国文化很是仰慕，向王树枏索求诗文墨宝。王树枏即兴为其赋诗一首：

老去翻为万里游，一帆遥指海东头。

此行自笑贩蛙鼋，吾道终虞风马牛。

倘入仙山搜石室，定携鸡次返神州。

君须记取乘桴意，预为他年避地谋。

从这首诗和相关史料可以看出，王树枏此前并未去过日本，但他对日本却早有研究。

还在保定莲池书院读书时，王树枏就与日本来华游学的僧人有过接触。到新疆做官后，王树枏奉朝廷之命也接待过不少日本人，其中最为熟悉者当属日本的林出贤次郎。

一九〇二年，林出贤次郎以留学生的名义到中国上海读书，后两次到过新疆。在新疆期间，林出贤次郎与王树枏相识，并师从王树枏学习中国语言文化。后来，林出贤次郎还受朝廷雇用出任新疆迪化法政学堂教员。

在与日本友人的交往中，王树枏了解了不少日本政治经济状况，也知晓了许多日本的风土人情。

对于日本这个一衣带水的邻邦，王树枏的感情是颇为复杂的。当年在保定莲池书院，王树枏就中日关系与薛福成有过深入探讨。在二人的通信中，王树枏曾预言中日之间必有一场大战。

一八九四年，中日甲午战争爆发，仍令王树枏痛心不已。痛心之余，王树枏也陷入了深深的思考之中。

在《清史稿》《属国列传》中，王树枏对中国甲午战争的失败有过深入分析。他认为，中国甲午之败首先是因为朝鲜之败。作为中国的藩属国，朝鲜对于中国的安全至关重要。正是由于朝廷政治腐败，李鸿章等人战略误判，叶志超等人贪生怕死，贻误战机，才导致了朝鲜被日本人侵占，进而战火延烧到中国境内。在整个甲午战争中，中国军队"将无协谋，士无斗志，水陆不相顾，彼此不相属"。反观日本，"上至公卿，下至乞丐，皆助之金济兵食焉"。王树枏认为，中国甲午败于日本，不是败在兵器装备，而是败于人，人与兵器绝不可本末倒置："器末也，人本也。中有末而无本者乎？"

丢失了朝鲜这一重要藩篱，中国从此加速衰落，每念及此，王树枏都难以释怀。

身为饱经沧桑的史家与学者，王树枏深知一个国家领土之重要，主权之宝贵，战争之残酷。

在《新疆图志》中，他专门撰写了《国界志》，详述近代以来新疆四十多万平方公里国土的丢失过程，并记录了当年的国土边界，可谓用心良苦。

在《清史稿》《属国列传》中，他用大量笔墨描述了众多属国渐行渐远之经过，分析了藩篱尽失的原因所在，发人深省。

在评价民国人物时，王树枏对一九一九年率兵收复外蒙古的远威将军徐树铮赞赏有加。在《陶庐老人随年录》中，对徐树铮有如下记载："是年徐树铮收回库伦，充西北边防总司令。民国人才当以徐树铮首屈一指。"徐树铮被刺身亡后，王树枏深感惋惜，叹道："公为天下才，而所施止此，惜哉！"后来，王树枏还为徐树铮撰写了《徐又铮先生像赞》及《远威将军徐府君家传》。凡此种种，无不体现出王树枏强烈的主权思想和拳拳的爱国之心。

此次日本之行，王树枏的内心还是有所期待的。他想亲自看一看，这个中国人眼中的"弹丸小国"，如何能在不长的时间内成为列强之一，如何能够在甲午之战中击败中国，又在日俄战争中战胜欧洲列强俄国，这个岛国究竟是一个什么样子？

正是怀揣着诸多思考与好奇，王树枏在七十六岁高龄踏上了此次东瀛之旅。

轮船行至日本马关附近，王树枏想起了令国人屈辱的《马关条约》，心中感慨，作《马关》一诗：

> 厘市如云四面环，千岩万壑锁雄关。
>
> 当年一击伤心泪，大好山川掷不还。

海上突起大风，轮船发生剧烈颠簸，令王树枏的身体感到不适。在风浪之中，王树枏念念不忘当年的甲午之恨，赋诗以记之：

> 镇日朔风鸣，鸿毛性命轻。
>
> 地疑随浪转，舟欲挟山行。
>
> 一水连天碧，千岩带雪明。
>
> 藩篱今已失，遗恨未能平。

王树枏一行抵达东京后，被安排前往东京帝国大饭店下榻。王树枏认为太过奢华，不愿去住。经驻日公使汪荣宝调停，住所改在了日华学舍。当时中日双方与会人员都是西装革履，唯独王树枏只穿中国的传统长袍马褂。试想，在一群西装革履的人群之中，走来一位身着大褂、白须飘然的老者，恐怕也是另一道风景了。

在日本期间，王树枏走了许多地方，包括东京、京都、奈良、静冈、日光、门司等城市。每到一处，他都细致考察当地政治、经济、文化、民生等诸多领域，并记录下来。从王树枏后来的著述和诗文中可以看出，在日期间有三件事给他留下了深刻印象。

其一，日本的交通很是发达，可谓方便快捷。他在书中记录道：街上很少见到巡警，只有十字路口有一警察维持秩序，行人车辆井然有序。游玩之处，往来都有铁路。

在《乘高线铁路电车登比叡山至绝顶》一诗中，王树枏有这样的描写：

> 茫茫脚底起云烟，俯瞰京都大似拳。
> 比叡山峰青不断，琵琶湖水白无边。
> 蚰池上出三千级，鸟到高通尺五天。
> 从此梯空真有路，乘风直上翠微巅。

其二，日本的实业兴盛，百姓富足，而皇室却非常简朴，还不及中国的一个富户，这一点令王树枏颇为感慨。

其三，日本人对文化教育很是重视。王树枏在日本京西地区看到，当地崇尚中国传统文化，大修孔庙，还建立了汉文大学。

最让他印象深刻的是，当地文人大都喜欢中国诗词，每天都有熙熙攘攘的日本人到中国客人居所门外等候，索求诗作，几乎应接不暇。

这次东渡日本，所见所闻令王树枏感慨良多。尤其看到日本的国力之强盛，更加触动了他的忧国忧民之心。

他在《东游日本》一诗中，呼吁国人要发奋图强，以抵御外辱：

> 一脉延皇祚，安居大海中。
> 四门岩锁钥，群岛络西东。
> 时局忽一变，航轮竟大通。
> 从来御外辱，发奋贵为雄。

有资料提到，王树枏曾于一九二七年和一九二八年两次出访日本。查阅王树枏的著述，所谓一九二七年出访日本应该就是他在《陶庐老人随年录》中记述的这次日本之行。一九二六年农历十月出发，回国时应该已是公历一九二七年了。至于一九二八年访日一说，王树枏本人并无记载。

一九二八年，日本人制造了震惊中外的"济南事变"，一万余名中国人被杀，日本侵略中国之心已昭然若揭。年近八旬的王树枏悲愤不已，老泪纵横。

其后不久，他毅然辞去了东方文化事业委员会的所有职务。

伪满洲国成立后，溥仪曾派人邀请王树枏加入，他断然拒绝。

几年后，当日本飞机侵入北平上空，他的日本学生林出贤次郎欲迎其入东交民巷的使馆避难时，更是被他严词以拒。

正如王维庭先生在《王晋卿先生传略》中所言："不入日本使馆，拒受伪满皇帝之聘，则'清白不污'四字，亦当之无愧也。"

第六节 吊王国维

一九二七年五月，从日本归国后不久的王树枏听到一个噩耗，一代国学大师，清华大学"四大国学导师"之一的王国维，在北京颐和园昆明湖投水自尽，结束了自己五十岁的生命。

对于王国维的猝然离世，王树枏深感震惊与哀伤。他闭门于北草厂胡同的陶庐之中，独自沉默良久，提笔作《吊王观堂国维四首》：

东海归来久待清，更无余地寄残生。
伤心一片昆明水，照见孤臣万古情。

故宫零落尚云间，太息怀王去不还。
一昔未偿填海志，羁魂常傍兔儿山。

问奇当日诣扬云，鸟篆龟书与细分。
著述一身随泪尽，横流何处葬斯文。

痛君今日骑鲸去，顾我何年驾鲤来。
生不埋名死埋骨，丹心不堕劫中灰。

王国维字静安，号观堂，出生在浙江海宁世代书香的名门望族。受家学影响，王国维国学功底深厚。他年少成名，被誉为"海宁四才子"。

一八九四年中日甲午战争以后，王国维接触到大量西方文化和思想，进而产生了强烈的追求新学的愿望。一九○○年，王国维赴日本读书。回国后，先后任教于南通师范学校、江苏师范学堂。辛亥革命后，王国维东渡日本，侨居四年有余。一九二三年，王国维经升允推荐，以布衣之身充任逊位皇帝溥仪的南书房行走。

两年后，王国维受聘担任清华大学国学研究院导师，主讲"古史新证""说文""尚书"等课程，同时从事《水经注》校勘，蒙古史、元史研究以及甲骨文等方面研究。他以精深之学识，笃实之学风，严谨之方法以及朴素的人生态度影响了众多清华学人，培养和造就了一大批文字学、历史学、考古学方面的人才。

王国维的才学和成就被广为推崇。梁启超称其为"不独为中国所有而为全世界之所有之学人"，蔡元培称他是"五十年来介绍西洋学第二人"，郭沫若认为他是"新史学的开山"，鲁迅感叹"他才可以算一个研究国学的人物"。

这样一位国学大师以沉湖的方式猝然离世，令社会各界一片哗然。有悲痛、有惋惜、有遗憾、有不解、有叹息，还有各种猜测。

"五十之年，只欠一死。经此事变，义无再辱……"，遗书中还简要安排了自己的身后之事。后人对这份遗书有多种解读：有殉清说，认为他是因忠于大清而自尽，梁启超就以伯夷、叔齐不食周粟来比喻此事；有逼债说，认为他因与亲家罗振玉的经济纠纷而不肯受辱选择自沉，末代皇帝溥仪在《我的前半生》中便持此种观点；有殉文化说，认为他是为"文化殉节"，在清华园王国维的纪念碑上，刻有好友陈寅恪写的墓志铭："思想而不自由，毋宁死尔。……先生以一死见其独立自由之意志，非所论于一人之恩怨，一姓之兴亡。"

从王树枏的挽诗可知，他对王国维死因的判断与梁启超相近，也认为是"殉清"。这一观点在他的《再吊王观堂》诗中就体现得更加明显了。

> 手障狂澜挽不迴，伤心国难正方来。
> 三闾以后无香草，千载于今有劫灰。
> 大节峩峩资砥柱，寸心耿耿照泉台。
> 二三遗老风流尽，独立芳洲首重回。

在王树枏的诗集中，有不少为亲朋故旧撰写的挽诗，一般每人只一两首而已。因一人离世而连作五首挽诗，足见王国维在王树枏心中的分量之重。

按年龄计算，王树枏比王国维大了二十六岁之多，可以说并不是一代人。虽然他们后来都供职京城，但除去二人都对敦煌有一定研究之外，似乎并无多少交集。

既如此，王树枏为何对王国维的去世如此感伤呢？笔者以为，有四个字或可诠释：惺惺相惜。

抛开年龄，二人在人生经历、才学成就、兴趣爱好以及思想理念等诸多方面有着相同或相近之处。

其一，他二人都是教师出身，均以教书育人为己任。其二，二人皆为文学大家。王树枏是北方桐城派代表人物，诗文俱佳，著作等身；王国维亦是文学巨子，著述颇丰，他在《人间词话》中对人生三境界的论述广为流传。其三，二人都是修志名家。王树枏主持或参与纂修了《新疆图志》《畿辅通志》《畿辅先哲传》等多部志书；王国维也参与了《浙江通志》《乌程蒋氏密韵楼藏书志》等多部志书的纂修工作。其四，二人都是著名史学家。王树枏史学以考订见长，并长期担任《清史稿》总纂；王国维研史也以考订闻名，是甲骨文专家，被称为新史学的开山鼻祖。其五，二人都是著名藏家。王树枏平生喜欢古碑收藏，其中唐以上的藏碑有上千块；王国维也收藏甚多，还曾请溥仪为自己鉴定藏品的真伪。

从思想层面来说，王树枏与王国维大体均可归类于拥有新思想的旧文人。一方面主张变革，研究传播西方思想；另一方面又都抱有传统文人的忠君意识，维护体制，忠于朝廷。这些看似有些矛盾的人格特征，在清末民初许多文人身上都有所体现。

第七节 康君墓表

有志痛无成，仓皇出帝城。

君亲馀涕泪，生死要分明。

文字垂千劫，风涛仗一诚。

摩挲遗墨在，悲喜不胜情。

这首诗名为《题康南海戊戌遗墨》，是王树枏一九二八年所作。诗中的康南海即戊戌变法的主角之一康有为。

王树枏比康有为大七岁，算是同一时期的晚清文人。但从二人的履历看，似乎并无太多交集。既如此，王树枏又因何为康有为的遗墨题诗呢？这要从王树枏的两位好友廖平和张伯桢讲起。

廖平是王树枏在四川为官时的好友，二人的交往始于王树枏担任青神知县期间。

廖平，字季平，一八五二年出生于四川井研县。虽家境贫寒，但父母节衣缩食供他读书。廖平深知读书机会来之不易，因而倍加珍惜，勤学苦读，学业有成。

一八七三年，张之洞简放四川学政。第二年，在总督吴棠的支持下，张之洞主持成立了成都尊经书院，也就是如今四川大学的前身。就在这一年，二十二岁的廖平参加了四川省院试，受到张之洞赏识，录取为第一，后入成都尊经书院读书，成为张之洞的学生。

张之洞离川后，廖平又师从治经《公羊》学的尊经书院山长王闿运，并担任书院襄校，之后又受聘历任嘉定九峰书院、资州艺风书院、安岳凤山书院山长以及四川国学学校校长等职。他被学界称为中国最后一位经学大师。

廖平主讲嘉定九峰书院期间，与王树枏交往频繁。一有闲暇，王树枏便前往书院与廖平相会，常常是"为论两汉经师家法，连昼夜娓娓不倦"。

在王树枏和廖平各自的著述中，都记载了一八九二年的一次聚会。那日，王树枏与好友杜云秋、江叔海等人游凌云山，与廖平相聚于山寺。《廖季平年谱》记载："王晋卿大令，莲池书院名手也，著作甚富。壬辰晤于凌云，敦嘱《今古学考》启人简易之心，则经学不足贵……"王树枏在著述中也记载了这次会面："余与杜云秋、江叔海游凌云山，廖季平携酒肴汤饼，就宴于山寺……"

事后，王树枏还专门写诗答谢，诗中有"嘉阳城头有一士，舌尖狂澜泻江水"的戏谑之语，可想而知，二人的关系非同一般。

王树枏盛赞廖平仗义疏财，治学博物，通经史百家之书，但在治学方向上，二人却有着不同的见解和观点。

王树枏治经学遵循古文家法，对廖平经学思想的"六变"并不认同，认为越变越离经叛道。

一九一八年，王树枏在《江叔海孔学发微序》中说："井研廖平今古文之说，凿孔虚构，尤为孔子之罪人。……癸丑，廖平来京师，自言其说，凡三变。自东西海国大通，而后始悟六经，皆孔子假设之词。举《诗》之所谓十五国者，一一实之于五洲诸地。其说荒唐蔓衍，奇离怪诞，不可思议。"

后来，王树枏在《陶庐老人随年录中》又对廖平的学说评论道："……其后学说屡变，愈变愈支离穿凿，至五变、六变，益怪诞不可言状。叛道离经，名为尊经，实为污圣。"

康有为与王树枏的看法则截然不同。在戊戌变法之前，身在广东的康有为读到了廖平的文章，如获至宝，推崇备至。康有为一生有很多著述，其中《新学伪经考》和《孔子改制考》，动摇了当时清学正统派的思想观点，引起了许多人的震惊与指责。

在《陶庐老人随年录》中，王树枏曾直言不讳地表明自己的看法："廖平以《公羊》乱经，康有为以《公羊》乱政，今见后出之书，按律应以疯病禁之终身，免其出而害人也。"

这些话听起来似乎有些"言重"，但了解王树枏性格的人都不会大惊小怪，因为这正是他的行事风格。王树枏为人真诚开朗，善良豁达，但在治学方面十分严谨，观点鲜明，一丝不苟。

虽然王树枏与廖平及康有为等人的经学思想存在分歧，但并不影响好友之间的彼此交往。从王树枏下面这首诗中，不难体会好友之间的相互欣赏与交游之乐。

> 廖子开新义，康生阐绪闻。
>
> 圣经皆在口，秦火不能焚。
>
> 耻做章句学，深明今古文。
>
> 停舟来问字，身入九峰云。

在政治倾向上，王树枏与康有为在变革社会以图自强的大方向上是一致的，只是在渐变与激进的方式上存在分歧。

王树枏曾于一八九六年撰写了《彼得兴俄记》一书，向国人介绍俄国彼得一世的变法与改革；康有为则于一八九八年撰写了《俄彼得变政记》，并将其核心内容写成奏折呈给了光绪皇帝。从二人的文章及各自的行为可知，王树枏提倡稳妥渐进式的变革，而康有为则主张快速激进式的革新。

康有为一生弟子众多，其中张伯桢是他最喜欢的学生之一。

张伯桢号沧海，自号篁溪，少聪慧，喜诗文。早年跟随梁启超读书，后入万木草堂就读，受业于康有为。一九〇五年赴日本留学，回国后考授法政科举人，供职于法部。辛亥革命后，张伯桢按照康有为吩咐，在京创办长兴书局，并在左安门附近建造了张园，这里也成为众多文人的聚会之所。

在京期间，王树枏与张伯桢交往密切，并有许多诗文往来。王树枏的文集、诗集中有多篇有关张伯桢的诗文，诸如《张篁溪先生圹志铭》《张园记》《张沧海煮钓亭序》《题张沧海（伯桢）篁溪归棹图》等。

一九二七年，康有为病逝于青岛。不久之后，张伯桢与康有为的女儿康同璧专程拜访王树枏，请他为康有为撰写墓表和家传，并为《康南海戊戌遗墨》题诗，王树枏慨然应允。

在《南海康府君墓表》中，王树枏写道：

> 吾观于光绪戊戌之变，不禁喟然而叹也。夫用人行政，国之大经也。人非其人，政非其政，其必变法而更张之者，又国之先

务也。然变之不以其序，与变之不得其宜，适皆足以误国……南
海康君，戊戌变法之魁也。君自幼勤劬于学。其学说屡变，每变
必穷理创义，将之以勇猛之力，辅之以深湛之思……

在文章中，王树枏清晰地阐明了自己的观点：其一，用人行
政是国之大事，行政出了状况，就必须变法更张；其二，变法应
因地制宜，有序推进，否则就有误国之忧。

文章对康有为的一生做了较为理性客观的评价，少了批评与
指责，更多则是对逝者的同情、惋惜、遗憾与赞许之情。

第八节 主讲奉天

一九二八年，农历四月十七日凌晨，随着皇姑屯火车站附近的一声巨响，一列行使的列车被炸，东北王张作霖不治身亡。

仓促之间，张学良临危受命，主持东北大局。

张学良主政东北后，在处理诸多军务、政务的同时，听从了杨宇庭等人的建议，决定重建奉天萃升书院。

萃升书院始建于清康熙五十八年，即一七一九年，是一所历史悠久的著名书院。

奉天作为大清王朝的龙兴之地，是仅次于北京的政治、文化中心。在有清一朝，萃升书院誉满东北，名家辈出。先后主讲萃升书院的有王尔烈、刘文麟、曾培祺、尹果、李维世、尚贤等名师大儒。

日俄战争期间，俄军占据萃升书院校舍，辟为军营和马棚，书院被毁严重。至一九二八年重建之时，萃升书院已是荒草遍地，破烂不堪。

为重建萃升书院，张学良带头捐资并拨付专门经费，修葺校舍，购置书籍，延聘名师。聘请北方大儒王树枏出任书院山长并主讲经学，史地专家吴廷燮、古文泰斗吴闿生分别讲授史学和词章，之后还聘请了高步瀛等一批国内知名学者来院任教。

张学良对王树枏很是敬重。当年张学良之父张作霖在东北受朝廷招抚，东三省总督徐世昌提携他当了旅长，可谓有知遇之恩。后来的东三省总督赵尔巽更是对张作霖信任有加，委以重任。而这二人一位是王树枏的进士同年，一位是清史馆的同僚好友。有此关系，张作霖对王树枏甚是看重，聘请他担任了张学良的国文老师。几年后的一九三三年，王树枏之孙遭土匪绑架，也是张学良手下得力干将王树常出面相救才得以安全返家。

萃升书院复办后，呈现出一派兴盛景象。各地求学者纷至沓来，课堂时常人满为患。课间时，向名师请教之人络绎不绝，学生间探讨之声不绝于耳。

在《陶庐老人随年录》中，王树枏用千余字记录了他为学生讲授治经之法的要点，概略有七条：

第一是识字，要能辨别古今字音之不同，明晰字的本义和假借之义，强调"不谙正字，假字即不能通训诂，何以读古书耶?"。

第二是读经，提出"十三经宜通读，但须择其要者。先读《孟子》《周礼》，最切于经世之用"，之后依次讲述了不同经书的要点所在，并指出"《论语》《孝经》宜终身诵之"。

第三是专治一经，但六经都要通读，"若不通全经，亦必不能通一经"。

第四是宜讲汉学，将古今汉人所传经学，特别是"行世之书"置之左右，"阅一以知十"。

第五是校勘，无论读什么书，都要自始至尾，用心点勘。

第六是日记，先选择一经研究，作为主课，其他书作为附课，限定每天读几页或几卷，在精不在多，记在功课簿上，日积月累便能做到博览群书。

第七是功课，所学内容随时记录，三日一交阅，预备问考，有疑义随时提问，提倡教学相长。指出"凡学问之道，宜使其自进，教者示以门径，督其用功"。

细品之，以上七条于今仍有较强的借鉴意义。

主讲萃升书院期间，王树枏开始注《左氏春秋经传》。该书分为经和传两部，共计一百五十卷，历时多年后才完成，刊印时名为《左氏春秋经传义疏》。该书彰显了王树枏深厚的学术功力。

在奉天期间，他还担任了《民国奉天通志》和《东三省盐法新志》总纂。

《民国奉天通志》全书二百六十卷，数百万字。除王树枏外，先后担任《民国奉天通志》总纂者还有吴廷燮、世荣、吴闿生、金梁、金毓黻等多位文史名家。该书全面记录了辽宁的历史沿革、山川地貌、天文气象、风土人情、物产资源及政治、经济、文化等诸多领域的情况，为后世研究辽宁及东北历史提供了翔实而珍贵的史料。

《东三省盐法新志》由王树枏主纂，黄维翰、成多禄等人参与修纂，历时两年修成。全书十二篇，共四十卷，内容包括述古、场产、行政、法令、运销、征榷、缉私、交涉、精盐、渔盐、附产、器用等诸多门类，是研究东北城市、经济、社会、历史等不可或缺的重要史料。

一九三〇年八月，八十岁的王树枏肠道患病，用他本人的话说是"九死一生"。经过悉心诊疗，逐渐康复。

初冬时节，刚刚大病初愈的王树枏不慎跌了一跤，摔伤了右腿，只得回北京治疗。由于行走不便，王树枏整日在家闭门读书、著述。之后不久，他便辞去了萃升书院山长之职。

王树枏自幼学习诗词歌赋，造诣颇深。当年祖父王振纲曾对他讲，词以晓风残月一派为正宗，学填词容易流于轻佻。自此，王树枏就不再填词。在王树枏的文集和诗集中，的确很难见到他的填词之作。

一九三一年，"九一八"事变爆发，八十一岁的王树枏悲愤难眠。他"感事不平，始填三阕"，抒发自己的愤慨之情。

金菊对芙蓉

烽火连天，鼓鼙动地，霎时城郭都非。问长城消息，风雨凄迷，苍天不管人间事，终日里如醉如痴，最堪怜是破巢卵尽，匦树无依。

只闻屋底乌啼，奈达官走避，又陷潢池。讯主人安在，翠绕珠围，一生拼向花间死，婆娑舞并蒂莲枝，人行乐耳，江山大好，任付伊谁。

百字令

万红深处，看班红沓翠，一天春色。蓦地东风狂似虎，满地落英狼藉。蝶愿蜂逃，莺愁燕恨，芳思都消灭。楼空人去，好花从此长别。

伤心巽二杨威，落千助虐，处处鸣鹎鸠。恼恨东皇浑不事，一任封姨翦却。春事虽阑，欢情未歇，不管今和昔。舞裙歌扇，岁华安肯轻掷。

水龙吟

当年王谢堂前燕，绣阁雕栏住惯，每逢佳日，穿花织柳，芳情缱绻。蝶舞翩跹，莺歌婉转，纷纷来伴。看翠衣颉颃，红襟灿烂。

丹棘馆，青棠院，一夜狂风吹散，怅香闺，柔肠寸断。分飞何处，室亡鸱毁，巢空鸠占。羽尾谯谯，自伤户牖，绸缪已晚。叹机心机事，更看黄雀，又逢挟弹。

词人在帷幄之中，有感于东北沦陷时的"蓦地东风狂似虎，满地落英狼藉"，恼恨统治者"终日里如醉如痴""自伤户牖，绸缪已晚"，哀叹"九一八"事变后的不抵抗政策致使东北国土沦丧，"最堪怜是破巢卵尽，匝树无依"，"柔肠寸断"之余，发出"江山大好，任付伊谁"的呐喊。

耄耋老人王树枏用描绘风花雪月的笔触，述说国土沦丧之沉痛，言辞与意境的强烈对比，更凸显出作者的忧国之情与爱国之心，令人动容。

第九节 桑梓之情

升仙桥畔水沦涟，千载仙翁去不还。

忆昔六龙会驻跸，只今群犬尽升天。

烟波沆瀁迷丹灶，宫殿依稀认紫泉。

我亦避人逃世者，凭高回忆独凄然。

这首诗名为《过升仙桥望紫泉行宫》，是王树枏在军阀混战的一九二二年所作。诗中提到的升仙桥位于新城县城南关，据县志载，传说金代曾有人在桥上卖药，忽然羽化成仙，故称为升仙桥。王树枏的祖父王振纲曾撰《升仙桥碑记》。"升仙晓月"被列入"新城八景"。诗中紫泉一词是指乾隆皇帝十九次驻跸的紫泉行宫，"六龙"乃天子车驾之意。

咸丰九年，时任新城知县杨咏春于紫泉行宫旧址上建起了紫泉书院。王树枏的祖父王振纲以及伯父王鉴、五叔王锷曾先后主讲紫泉书院计三十余年之久。紫泉书院声名远播，成为京南保北的著名书院。

王树枏虽在外游宦多年，后又长期居住在京城，但对故乡新城县始终保持着深厚而纯朴的感情。

在《陶庐文集》等多部著述中，作者的落款都是"新城王树枏"。他的《文莫室诗集》第一卷也以家乡的"文化之河"紫泉河命名，谓之《紫水集》。在他的诗文中，每当提到自己的故乡，字里行间都饱含浓郁的桑梓之情。能为故乡做点贡献，是王树枏晚年最感欣慰的事情之一。

一九三一年九月，河北省政府成立河北通志馆，开始筹划纂修《河北通志》事宜。

一九三三年二月廿二日，王树枏接受了河北省政府的聘书，正式担任《河北通志》总纂。同时受聘者还有高凌尉、谷钟秀、张志潭、张国淦、华世奎、贾恩绂等人。

耄耋之年的王树枏不仅亲自制定体例，还主动承担了《河北通志》《河道志》中水道篇的撰写工作。在他的带领下，《河北通志》的纂修工作进展顺利。

在此期间，王树枏对新城县的境况也多有关注，时常问起续修《民国新城县志》的进展情况。

王树枏的故乡河北省新城县，置县始于唐朝，是一座历史悠久的千年古县。在新城县历史上，此前曾五次修志，分别是明万历十三年、万历四十五年、清康熙十四年、道光十八年和光绪二十年。这次续修《民国新城县志》为第六次修志。

一九二九年，毕业于北京法政学校的张雨苍由文安县县长调任新城县长。到任后，他以大兴教育为己任，与时任教育局局长李因培等人多方筹措资金，延揽教师，大力兴办学校，全县学校数目由一百三十余所骤增至二百六十三所。一九三一年春，县政府设立志馆，由教育局局长监修，聘请刘崇本主持纂修《民国新城县志》。

二十世纪三十年代的中国政局动荡，各地官员变动频繁。从一九三一年到一九三五年间，新城县就更换了四任县长。随着县长张雨苍、教育局局长李因培等人先后离职，《民国新城县志》的纂修工作也时断时续。

一九三三年，由刘崇本主修的《民国新城县志》初稿完成。当时县里对此稿意见不一，众说纷纭。时任新城县教育局局长宋仁龄便带着书稿专程赴京拜会了王树枏，请求他审阅订正，并探寻可否在此基础上重新纂修。

王树枏对此事很是重视，经慎重考虑，答应了以此稿为基础重修新城县志的请求。八十三岁的王树枏以"我乃新城县人，勉尽义务"的精神为家乡修志，令当地官员颇为感动。

王树枏

经过八个多月的辛劳付出，《民国新城县志》纂修完成。重修的《民国新城县志》，不仅内容更加全面、翔实，而且重点突出，颇具本地特色。全书共计二十四卷，分为地图篇、地事篇、地物篇、地俗篇、地襄篇，首有凡例。

其中，地图篇最为人称道。王树枏认为："地之方域、沿革等事，非图不明，故以地图统之。"在该篇中，王树枏运用了一定数量的地图，如：新城县最新分区图、清乾隆行宫故址图、新城县城关附近之略图、新城县孔庙形势略图等。由于众所周知的原因，很多民国时期尚存的古迹或遗址到了现代已经不见踪迹，而志书中的地图在一定程度上还原了当时的情景，为后人了解和修复文物古迹提供了翔实资料，弥足珍贵。

在地图篇中，详细记载了圣庙、关帝庙、文昌庙、城隍庙、龙王庙、开善寺、药王庙、火神庙、泰山行宫、紫泉行宫、兰若佛塔、督亢亭以及"新城八景"等众多文物古迹的历史及现状，其中寺、庙、祠、庵等记载就有二十多处，且位置等信息颇为翔实。

新城县有水无山，大清河穿境而远，历史上多有水患，故而在地图篇中有河道一门。详细记载了大清河、南里河、拒马河、紫泉河、督亢水、斗门河、芦僧河、渔池河等多条域内河流的源流变迁；记述了真武桥、侠流桥、龙堂桥、升仙桥、斗门桥、十里铺桥、高碑店桥、马村河桥、高桥、平景桥、平政桥、永固桥、望郦桥、三河桥、永镇桥等三十七座桥梁的前世今生；还记录了白沟渡、王村渡、许家营渡、平景渡、孟良营渡、新桥渡、安仁渡、十九埕渡、蔡各庄渡、茶棚陈家庄渡、十里铺渡、田宜屯渡、北刘家庄渡等十三个渡口的情况。

王树枏认为："凡人所经营而为之者，如建置、税赋等务，皆地之所有事也，故以地事统之。"在地事篇中，从建置、职官到赋役、学校，依次记述，十分详尽。王树枏非常注重表格的运用，在地事篇中，有解库款一览表、地方公款收入一览表、地方公款支出一览表、金融调查表、学校一览表、社会教育一览表、民众学校一览表等诸多表格，阅读起来一目了然，甚是清晰。这些表册为后世开展民国期间的社会、经济、文化、教育等方面研究积累了珍贵史料。

王树枏认为"凡生于地者皆物也。故人谓之人物、金石、物产皆限于其地，故地物统之"。在地物篇中，详细记载了新城县的历史人物、古迹、碑刻，各种农作物，各种树木、菌类、水果、干果、药材、花卉，各种鸟兽、昆虫、家禽、家畜及其他特产等。

其中，人物篇分为选举、封赠、武职、宦绩、师儒、文学、忠烈、孝友、义行、艺术等多个门类，分别记述。对于重点人物在撰写人物传记的同时，还引用了与之相关的文章，使之更为客观生动。比如：在介绍郦道元时，不仅记述了他的生平功业，还将"府志叙，新城古迹郦亭为道元故里……"近三百字的叙述放在郦道元传记之后，使之更加完备；在介绍刘道亨时，不仅为其一生做传，还将《兵科给事中刘道亨请策立东宫疏》放在传记之后；在记述张果中时，还记载了以忠正节义闻名的鹿善继为其撰写的《鹿善继赠张子于度序》；在介绍五公山人王余佑时，引用了尹会一撰写的《王余佑传》，内容全面翔实，语言凝练生动。

地俗篇是最能体现当地特色的内容。王树枏认为"一地有一地之风俗礼尚，古人谓十里不同风。入境问俗，此其要也，故以地俗统之"。王树枏在地俗篇中详细记述了本县的风俗礼仪和方音方言等内容，详细而具体。

在地俗篇礼俗类，介绍了一年四季各个节日的过节习俗，并重点记述了当地婚丧嫁娶的风俗。其中，仅男女结婚的风俗礼仪就用了近千字来记述。此外，该篇还记载了本地四百二十九条方言的讲法及含义，并就一些方言的产生过程及历史典故加以说明，使人记忆深刻。

地噩篇是王树枏的创新体例。该篇对本县历史上发生的天灾、人祸用图表的形式做了翔实的记载，涉及晋、北魏、北齐、隋、唐、梁、后唐、石晋、后周、宋、辽、金、元、明、清、民国等十六个朝代和时期的数百次天灾人祸，有非常高的历史研究价值。

一九三五年二月，由王树枏总纂的《民国新城县志》在北平文华斋刊印，正式发行。由于同时期编纂的《河北通志》未能在王树枏有生之年刊印出版，因此从时间上推算，《民国新城县志》是王树枏一生中编纂完成并刊印发行的最后一部志书。

王树枏将最后的精力与体力，献给了自己挚爱的故乡，这或许也是命运的有意安排吧。

第十节　南陈北王

> 不学参禅不学仙，身居不惠不夷间。
>
> 有酒无酒心常醉，欲眠不眠梦亦闲。
>
> 为谢时贤常闭户，每逢佳日辄登山。
>
> 摊书观罢浑无事，明月清风共往还。

这是王树枏一九三二年发表于《东华》杂志上的一首效击壤体诗。诗人用生动的语句描绘出自己晚年寓居北平时豁达闲适、逍遥自在的生活境况，读来颇有身临其境之感。

随着年事渐高，王树枏的身体每况愈下，"每逢佳日辄登山"的潇洒日子也渐行渐远了。

一九三五年，王树枏已经八十五岁高龄。因双腿有疾，需家人搀扶方能行走，因而很少外出，燕居于北草厂胡同八号的"陶庐"之中，以著述为乐。偶尔邀北平城内的文人雅士到家中小聚，吟诗作画，畅叙友情，其乐融融。

秋日的一天，往常安静的"陶庐"忽然热闹了许多。来自同和居的行厨在厨房准备菜肴，从照相馆请来的师傅在调试相机，小院中菊香四溢，花草芬芳。

王树枏与另一位耄耋老人端坐在院中的椅子上，后面站着三个年轻人，在摄影师的口令和相机快门的咔嚓声中，留下了一张颇有纪念意义的合影。后人在介绍这张照片时，几乎都用了同一个词：南陈北王。

南陈北王合影（前左为王树枏，右为陈三立）

坐在王树枏身边的老人名叫陈三立，号散原，世人多称之为陈散原。此人乃清末文坛巨匠，是同光体诗派的代表人物，被称为"中国最后一位传统诗人"。

陈三立还有一个雅号：清末"维新四公子"。

要了解这个雅号的由来，还要从陈三立的父亲陈宝箴讲起。

陈宝箴是江西义宁（今修水）人，少有大志，咸丰元年中举人，因随父办团练有功，以知县候补，后受曾

国藩赏识，步入政坛。《清史稿·陈宝箴传》中说："陈宝箴，……少负志节，诗文皆有法度，为曾国藩所器。"陈宝箴先后担任道员、按察使、布政使等职，官至湖南巡抚。因支持变法维新，陈宝箴被光绪皇帝视为新政重臣。戊戌变法失败后，他被朝廷革职，永不叙用。

陈宝箴去世前曾留下遗嘱："陈氏后代当做到六字：不治产，

不问政。"

常言道：失之东隅，收之桑榆。或许正是因为陈宝箴这六个字的遗训，才造就了儿子陈三立以及孙子陈寅恪这两代国学大师。

陈三立是进士出身，初授吏部主事，后随父亲到湖南，大力推动新政，颇有建树。戊戌变法失败后，陈三立遵父命不再问政，在南京清溪畔构屋十楹，号称"散原精舍"。在这里，陈三立放情诗酒，搜考书画，著述自遣，自谓"凭栏一片风云气，来做神州袖手人"。

虽说不再问政，但有着家国情怀的陈三立对社会兴利仍是满怀热忱。他办起家学，废除八股文和跪拜礼节，摒弃死记硬背，禁止体罚学生，延聘外教，倡导新文化，开创了新式学校的先例。

陈三立对子女的教育也颇受世人称道。其长子陈衡恪，字师曾，著名画家，历任北大、师大、美专教授，一九二三年病逝。陈师曾被认为是近代画家才气最高者。梁启超在陈师曾追悼会上说："师曾之死，其影响于中国艺术界者，殆甚于日本之大地震。"陈三立的三子陈寅恪自幼受家学熏陶，国学功底深厚。成年后，先后去日本、德国、瑞士、法国、美国等多个国家求学。十几年的留学生涯，不仅使他增长了学问与见识，还掌握了梵文、巴利文、波斯文、突厥文、西夏文，以及英语、法语、德语等八种文字和语言。回国后，三十六岁的陈寅恪被清华大学聘用，与王国维、梁启超、赵元任并称为清华四大国学导师，人称"教授的教授"。

陈三立比王树枏小两岁，二人曾于一八八六年一同进京会试，故而互称同年。一九〇六年，王树枏与陈三立一同被推举为学部咨议官，参与学制改革。之后的很长时间，陈三立先后寓居南京、杭州、上海等地，而王树枏居住在北平，两人一南一北，鲜有见面交流的机会。虽相隔千里，但因文章皆负盛名，世人时常将二人相提并论。

当年张之洞担任湖广总督时，有一位重要幕僚名叫陈衍。陈衍是著名诗人、文学家，先后任《求是报》主笔和《官报》总编纂。一日，张之洞问陈衍道："海内有学问之人，举其最优者"，陈衍回复说："……散体文有直隶新城王树枏，江西义宁陈三立。"民国著名文人徐一士也在文章中说："新城王晋卿，与散原年辈相若，所为文亦有盛名，或以南陈北王并称。"

一九三三年，陈寅恪将年迈的父亲接到北平，居住在西四附近的姚家胡同。姚家胡同距离王树枏居住的北草厂胡同并不远，这为两位老人互相走动，畅叙友情，交流诗文，探讨学问创造了条件。其时正值王树枏撰成《左氏春秋经传义疏》，请陈三立指正。陈三立为该书提了多处建议，王树枏颇为感激。

正是因为有了"南陈北王"的称谓，使得一九三五年秋天在王树枏家中的这次以文会友，成了北平文人圈的一段佳话。

对于此次"陶庐"小聚，两位耄耋老友兴致很高。他们各自拿出了自己的得意之作，以文相质，对参互校，各删改一两字。陈三立出示的文章是《马通伯墓志铭》，王树枏拿出的文章是《廖季平墓表》。

著名学者王维庭先生曾亲眼见过二人改易之稿，叹为艺林盛世。他对二人文章的评价是：王树枏的文章以渊懿雄奇胜，陈三立的文章以典雅峻洁胜。二位大儒的文章虽风格各异，但均显大家风范，堪称传世之作。

王树枬在《廖季平墓表》开篇写道：

四川为西南天险之国，北峙剑门，东扼三峡，连岗叠岭，中贯长江，岷峨青城夔巫玉垒之雄奇，嵯雒青衣嘉陵巴泸大渡之摎流广衍，山川佳峡，是生伟人。汉之司马相如，严遵，王褒，杨雄，唐之李白，陈子昂，宋之三苏，三张，二范，类皆间出之才，或数十年而一见，或数百年而一见，乃至于今，人才之寥落，且千年矣。而井研廖季平先生始继起而承其后。语云：地灵人杰，然亦见山川之钟毓，非偶然已也。

读到《廖季平墓表》开篇这数行文字，已可感受到王树枬文章大气磅礴之势，行云流水之美，"渊懿雄奇"可见一斑。

秋去冬来，转眼到了仲冬时节。十一月廿五日是王树枬八十五岁寿辰，亲朋好友纷纷前来祝寿。

年仅三十七岁的年轻画家张大千，送来了他先期为王树枬画的一幅肖像，题款为："陶庐老人八十有五造像，乙亥八月蜀郡后学张爰谨写于宣南。"

张大千一向仰慕王树枬的文名。一九三〇年底，王树枬因腿伤从奉天回北平后，张大千时常来北草场胡同的陶庐参加诗酒之会，随时作画相赠。

一九三五年的"南陈北王"合影和张大千绘制的陶庐老人像，应该是王树枬留在世上的最后影像资料了。

第十一节　永居京西

　　一九三六年正月十五日，正当北平城万家灯火闹元宵之际，一代大儒王树枏悄然离世，走完了他八十六年的人生旅程。

　　王树枏之孙王会庵先生在《燕都人物撷忆》一文中有这样的记载：

　　先祖于一九三六年二月八日（旧历正月十五）夜逝世，是日尚吃汤元数枚，毫无病状。第二天早，呼之不应，急请龙友先生来诊，说是心肌梗塞，已无救了。后人急忙办理丧事。

　　文中提到的龙友先生是王树枏的学生，有北平"四大名医"之称的萧龙友。

　　王树枏去世后，亲朋好友纷纷前来吊唁。八十四岁的陈三立拖着病体，在家人搀扶下也来凭吊同年老友。王会庵先生随父辈在灵前叩谢时，见陈三立"面目清瘦，已是病容"。

　　在吊唁的众人中，大都撰写了挽联、挽诗。其中，最具代表性的是萧紫超先生所挽三十八字长联：

　　集数千年北学大成，著述等身，岂直文章惊海内；

屏藩万里西陲绝域，纵横逆志，空留政教补湘阴。

上海著名的《青鹤》杂志第八期刊发《悼王晋卿先生》一文：

本志特约撰述王晋卿先生，以病于二月七日殁于燕京，讣音传至，哀悼曷胜。先生河北新城县人，清光绪丙子举于乡，丙戌成进士，累官至新疆布政使。少年即文名籍甚，当时治古文辞者，如张廉卿、吴挚甫、贺松涛、范肯堂，诸公皆相与缔交。吴知冀州，聘先生主讲冀州书院，士风为丕变，而名益彰。今年八十六，两足痿不能行，犹日就床褥间，校勘所著书。勤求学问，至老不衰，虽疾勿辍，诚不可及。著述之已刊行者，有陶庐丛刻三十种，《尔雅订经》二十五卷，《尔雅说诗》二十二卷；近方付梓《春秋左传义疏》一百五十卷；未刊刻者《庄子大同注》二十二卷，可谓富矣。先生既逝，研经史古文者，又失一宗匠也，悲夫！

王树枏的墓地在北京西郊红山口龙背村，这是他生前早已选好的风水宝地。

由于当时北平上空时有日本飞机盘旋，北平城已处在风声鹤唳之中，王树枏的丧事也略显仓促。下葬之时，墓志铭尚未撰好，墓表也未撰成。

旧时文人对身后事大都非常重视。王树枏生前曾嘱托涂凤书为其撰写墓志铭，并希望陈三立能为其撰写墓表，二人均慨然应允。

涂凤书是四川（今重庆）云阳人，与萧龙友是儿女亲家。他精通经史，学识渊博，工书能文，在京城有很高声誉。在王树枏担任国使馆总纂期间，涂凤书任国使馆协修，佐王树枏修史，二人过从甚密，相交甚笃。

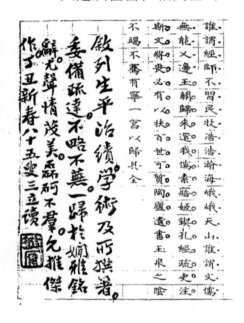

陈三立审阅王树枏《墓志铭》时的手迹

一九三七年春，涂凤书撰成《王晋卿先生墓志铭》，由王树枏之子禹敷将手稿呈给身患重病的陈三立求正，陈先生改正两处文字后，加上了"叙列生平，治绩学术及所撰著，委备疏达，不略不芜，一归于娴雅，铭辞声情茂美，磊砢不群，允推杰作"的批语并盖章。

此时的陈三立还承诺，待身心好些时定为王树枏撰写墓表。令人遗憾的是，由于陈三立终日忧愤，在"七七事变"后绝食五日去世，为王树枏撰写墓表之事终未完成。

涂凤书所撰《王晋卿先生墓志铭》定稿后，由北平名医兼书法名家萧龙友先生书丹，请有"六大名士"之誉的奉节人张朝墉先生篆盖，经琉璃厂名手陈云亭先生摹刻于石。

墓志虽成，怎奈此时日本人已占领北平，西郊一代时有日军横行，墓志已无法运往入土，只得暂放于石厂。此事令王树枏的家人十分遗憾。

或许正是这样的原因，使笔者在寻找王树枏墓志铭时颇费了些周折。现将得来不易的《王晋卿先生墓志铭》全文抄录如下，以表敬意与缅怀。

先生讳树枬，字晋卿，晚号陶庐。新城王氏，先世于明初自古北口外小兴州迁至直隶雄县，再迁新城。曾祖讳懋，好施与乡里，称善人。妣氏杜，享年九十六，以五世同堂旌于朝。祖重三，道光戊戌会元，养亲不仕，为北学大师。考子衡，咸丰乙卯举人，皆以先生贵封光禄大夫。祖妣田，妣氏李，皆封一品夫人。咸丰元年辛亥十一月二十五日先生生，生而有文在右手曰枬，故名。幼承家学，八岁能诗，十一岁能文，十六岁以府试第一人入学。二十岁举同治庚午优贡，光绪丙子举于乡。丙戌成进士，用户部主事，改知县，选四川青神。历署资阳、新津、富顺各县。甲午因案罣吏议，张文襄延入幕，旋派往甘肃，为陶勤肃疏留。寻复官，除中卫县，洊补平庆泾固道，调署巩秦阶道及兰州道。丙午简授新疆布政使。宣统庚戌，罢仕还京，遭国变，遂不复出，于是先生年六十矣。先生读书期致用，故以部曹乞外。或尼之曰：一邑虽小，尚可为民造福，浮沉郎署徒縻岁月耳。青神鸿化堰创于唐，溉田二万余亩，咸丰中废。先生为修复，手订纳费、分水各则，至今利赖之。新津患盗，大吏调先生往治。至则盗魁遣某来请月给钱米若干，不使一盗留境内，且曰：各县沿此例甚众。先生怒击之，指索各盗尽得其情，实及所窝藏。不数月，盗平。其在中卫，有七星渠者，长一百八十里，受山水害，废塞近百年。先生分段疏浚，渠口建水闸三。有进水闸以受河水，有退水闸以泄山水。小径沟修飞桥，使渠水从桥上流，山水从桥下流。红柳沟置暗洞，使山水从洞上流，渠水从洞中流。复于期间移土山一，沙阜三，凡四年而渠成。而废田八九万亩复成膏沃矣。先生之权兰州道也，管通省厘金，岁入只四十万。先生裁厘改税，所至不再征。试办裁八月，溢征至一百二十余万，而商民则减输过半。新疆宿弊则在浮收粮草，先生知浮收起于津贴。州县乃各就地方之繁简，土地之肥跷，价值之高低，本色折色厘定赋率。于是农民视往岁少纳四百余万，而国课岁赢两倍有奇，官吏公费亦有所取给焉。先生为政于世，所矜为民高者一，不屑独视民间疾苦，若疾痛在身，必去之而后安。往往求治过急，疾恶太严，虽被上官同僚嫉视不遑顾也。先生年二十八即殚心著述，至老不少辍。尝谓平生无嗜好，以此自遣而已。论读书，以识字为先，不知训诂不能通群经，于是成说文建首字义、尔雅郭注补订、尔雅说诗、尔雅订经、广雅补疏、费氏古易订文、尚书商谊、大戴礼校勘诸书。论治经，宜不分汉宋，佐以子史诸家之说，于是成尚书今古文补义、中庸郑朱异同说、学记笺证、左氏春秋经传义疏、焦易说诗、周易释贞、夏小正订经、夏小正订传、墨子三家补正、管子札记、庄子大同说、离骚注、建炎前议诸书。论治经宜通算术，于是成天元草十月之交考诸书。论学术，治术宜兼通中外于一。丙子正月十五日，先生卒于故都，二月葬西郊红山口，春秋八十六岁。先生为人，敦敏刚毅，处世则极和易，尤喜奖掖后进。与凤书共事国史，谓凤书可兴学，文授以轨范。每脱一稿，为之点窜涂改，所以期待者良远。凤书乃苦其卓焉而莫之至也，是可愧耳。去秋先生病屡，以身后志铭垂诿，凤书不敢辞，铭曰：岧峣太行，作镇邦畿；蕴灵钟淑，实生魁奇。既笃其生，又速之成；

益老以寿，俾闳厥声。声之始播，曰陇与蜀；谁谓经师，不习民牧。浩浩瀚海，峨峨天山；谁谓文儒，无能乂边。玉关归来，还我儒素；悟姬锲孔，经疏史注。斯文将丧，必有以扶；百世可质，陶庐遗书。玉泉之阴，不竭不骞；有宁一宫，以归其全。

王树枏去世后，老家新城县门人弟子一百余人发起成立了"新城晋卿图书馆筹备委员会"，旨在保存王树枏一生之著述，传承其道德文章。筹委会会所设在新城县政府，委员共计十三人，发通启如下：

新城王晋卿先生，国学巨师，儒林耆宿，少壮治古文兼攻制艺，师友贵阳黄子寿，武昌张廉卿，桐城吴挚甫，通州范肯堂，武强贺松坡诸先辈，名动公卿，声闻遐迩，卒以名进士起家，由牧令洊至方伯，洎清末罢官，益研究经史诸子百家，于书无所不窥，注疏订正，著作等身。按先生《随年录》，自光绪四年戊寅二十八岁始，至民国二十四年乙亥八十五岁止，为年五十有七，著书五十三种六百八十五卷，已刊行者四十种，未刊行者十三种，此其学优则仕，仕优则学，劳神极思，勤勤恳恳，数十年而无间，真度越寻常万万矣。先生既殁，邑之人，佥谋保存遗书，咨诸先生哲嗣仲英昆弟，拟在新城原籍，捐建晋卿图书馆，以先生生平所存所注，已刊未刊诸书，整理部署，并征集中外典集文章，悉度于馆，公之于时，俾先生之精神不沫，而津逮后学于无穷。

令人遗憾的是，随着日寇入侵华北，筹建王树枏图书馆之事戛然而止，无果而终。

值得欣慰的是，王树枏大部分诗文著述得以刊印成书并流传后世，使我们能够在二十一世纪的今天，走近王树枏，去探寻一名近代知识分子的人生轨迹，去感受一位晚清地方官员的游宦生涯，去领略一代文史方志名家的笔墨春秋。

附录

一　陶庐摭忆

——王树枏先生部分遗墨与收藏

王树枏先生不仅在文学、经学、史学界有很高的声誉，而且书法造诣也颇为深厚，同时他还是一位收藏名家。

在本书的写作过程中，王树枏先生的家人、族人为笔者提供了大量相关资料，其中包括王树枏先生的书画、书稿、印章以及有关的收藏品照片。

在这些照片中，有王树枏先生手书诗卷；有《唐人写经卷》题跋；有八十四岁高龄时的题墨；有东渡日本时的诗作；有在京城时写给好友刘若曾的手札；有十分珍贵的《庄子大同说》手稿；有他的早期书斋"文莫室"印章；有康熙朝书画名家孙岳颁（号树峰）先生使用过的"怀古多情"印章；还有日常使用的各种印章及一册精美的"集印集"。特别值得一提的是，王树枏先生在民国时期收藏的康熙南巡图稿本照片，颇为珍贵，据说目前仅存世两套。王树枏先生还收藏有蜀中书画名家顾复初（号道穆）先生的一幅画作，乃二人在四川时友谊的见证。此外，还有王树枏所著《离骚注》书版，宋哲元赠送的书籍，汉魏六朝砖文等多张照片。

虽然这些历经岁月淘洗的照片不尽完整或不甚清晰，但笔者还是觉得有必要分享给大家。希望通过这些带有岁月痕迹的照片，能够帮助您进一步走近王树枏，去近距离感受一代名儒的笔墨人生。

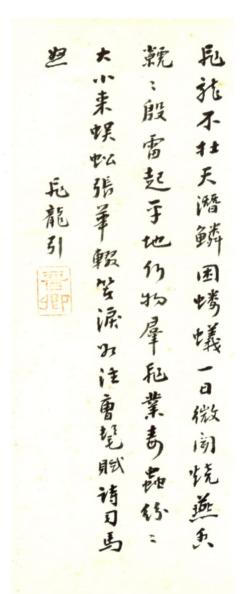

王树枏先生手书诗卷（一）

王树枏先生手书诗卷（二）

公孫誕自大井娃五爭老蟠鸐蛑
日相持不食二不兩 今非作兩古寺作兩 雨非是兩開也
劍門之險高崔巍蔓正大峽手山回
大江東瀉一手里實渝邑濮多雄
才劇璘一日迎先主家將西來討敵
魯鳩鵲爭菓無已時食鹿壽之鹿
尤狷披成都一炬半焦土剛金柔
肉人為犧長宏冷血翻成碧杜
宇寬魂不住啼人歌蜀道難吾
作哥中寧芳里橋頭采浣花回
首昇乎三十載　　罔莒難
丁巳十月晉卿書於大梁

重陽次日瀟瀟雨孤半署污如放
時掃地風霜飫噯氣連天草
木起寒聲菜黃共把晞酒江
浮傳閣未洗兵試向南郊名霞诗
菁條雲物不勝情
七十歸來作重九徑菊叢菊憐血
花霧華淵之明秋水日氣淘之冷暮
鴰風烈馬肥餘首著露晞人去冷
薑蕿飛秦飛浮今仔世把酒相逢右
有家
昨宵飫雨話聯床攬讀殘久讚著
漢之溼雲沈大聲蕭之蔗菜下寒塘渡
螯美酒東籬菊一雁秋風北塞索晶是
辛来鄉味料題程且莫敎蘍郎
右辛酉重九日同于玉叔登昌节南郊登高

乃辛古寺倚巖儇早暮時飛却後灰鴟
火溥之響鉤荻雞煙漠之滿蓁蕉枯槐臥
地枝全宗斷碣沉沙宇學壇最是僧心名
勝地山門無重任風開　古寺

王树枏先生手书诗卷（四)

王树枏先生手书诗卷（五）

老夫翻为万里游 一帆直指海东头 七行自
笑贩蛙氓吾道终 囊风马牛 偶入仙山投后
窀宕携鶖次巨神州 君须记取乘桴意 预为
他年避地谋

丙寅十月东渡

沟口船长之属印希雨政

陶庐老人王树枏

王树枏先生手书诗卷（六）

敦煌石室所出寫經止廬數手經而唐以止經
甚甚稀六朝人書結體方而扁而喜為異又
別字蓋為時習書顏氏家訓曾痛言之唐人
書結體長整齊謹嚴一規於正無敢軼說怪
之習是書結構漸趨長勢而運筆猶是六
朝人法專取姿媚其於唐諱若世民治等字
皆不缺筆又律儀等字或作律儀隨意增
減仍沿六朝之習蓋杜隋唐之際字
斐猗先生屬題為之考訂出此鄭人杜新重因
六朝人寫狂甚黔泰半皆善書左為之供人諷
誦与敦煌而出專為捨狂佞佛亦不同攷儗歲易
辨也
先生以為何如 癸亥十月新城王樹枏題

王树枏题唐人写经卷

261

右六朝寫經殘紙二十四行紙色墨色烏闌字辨与

贈公度之券在一不加印合的係一紙割裂斷爛

者凡六朝人寫經之紙薄而堅緻入水不濡与唐

人硬黄迴異蓋古寫本出蠒繭蛾蠕之紙

動鐘太傳書當以此為濫觴元人所謂單幀片紙

不啻金玉也

藝圃牟丈素以善書名世河可常繫之帳中

甲寅十月十七日綿山老牧王樹枏題贈

王树枏题六朝写经

王树枏八十四岁题墨

王树枏题汉魏六朝砖文

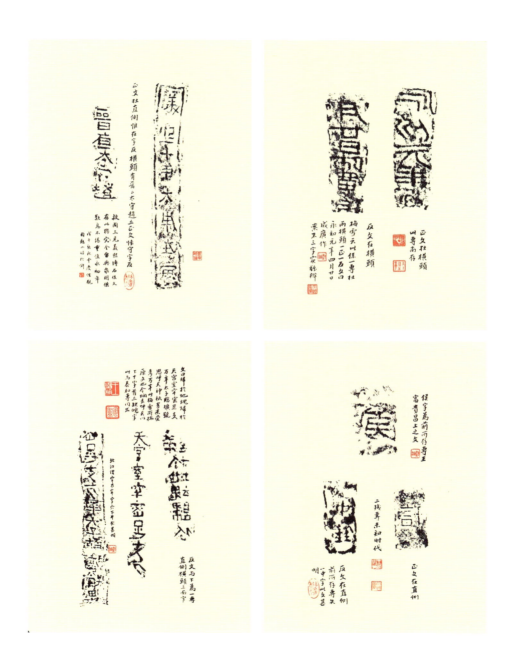

王树枏题汉魏六朝砖文拓片

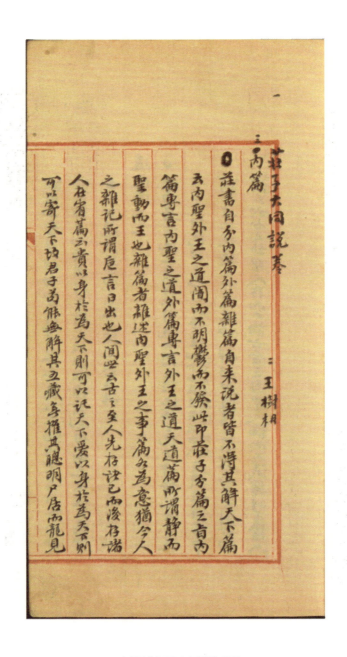

王树枏《庄子大同说》书稿

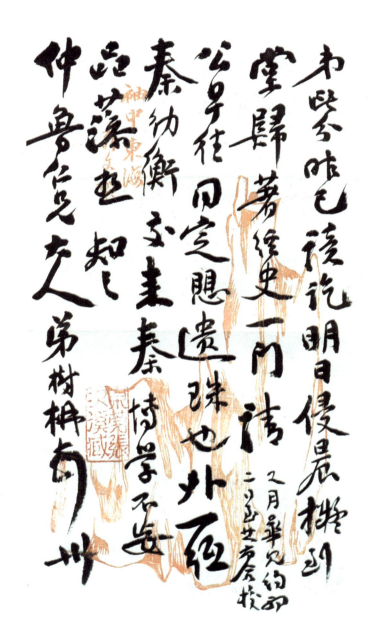

王树枏先生手札

王树枏收藏《康熙南巡图》稿本照片（一）

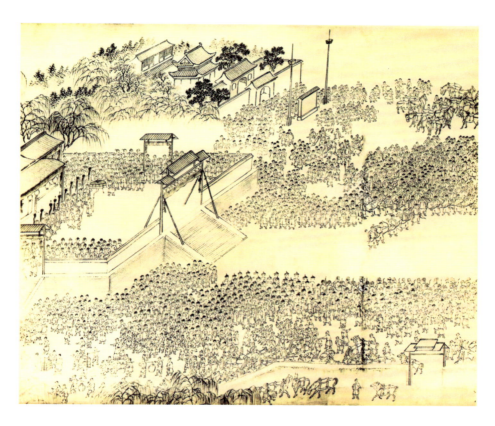

王树枏收藏《康熙南巡图》稿本照片（二）

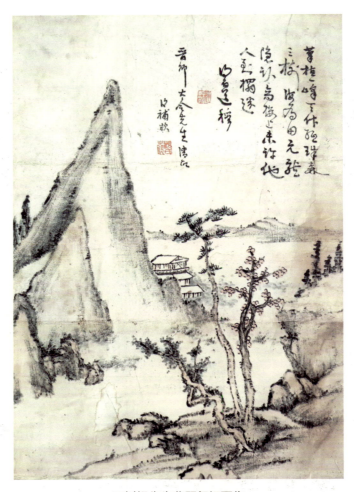

王树枏先生藏顾复初画作

王树枏先生晚年画像（作者：程铿）

王树枏使用收藏的部分印章

王树枏收藏集印集

王树枏收藏《离骚注》书版

王树枏藏宋哲元赠书

二　王树枏与《新疆访古录》

王居恭

　　按：王树枏之孙王居恭先生，又名王德源，出生于一九三三年，毕业于哈尔滨军事工程学院，后长期从事科学研究及水利工程设计等工作。二〇一一年病逝于北京。王居恭先生自幼受到严格的古文教育，文理兼修，有深厚的古文功底。这篇文章源自王居恭先生二〇〇二年八月十八日手稿，此前未曾发表。因篇幅所限，经王居恭先生之女沐兰女士同意，原文有少量删改，现刊发于此，以飨读者。

　　光绪三十二年（一九〇六），我的祖父王树枏出任新疆布政使，历五年时间。其间他不仅在兴办实业，创设邮政，改善财政，体恤民生等诸多方面卓有成就，还创修了《新疆图志》。在这部二百余万字的鸿篇巨制中，他亲自撰写了大量篇目，其中包括两卷专门记述新疆历史古迹的《访古录》，后以《新疆访古录》名称刊印。

天山南北，即古代之西域，汉代出现在中国历史上。当时西域有三十六国，以后斗转星移，几经兴亡变迁，发展成现在的新疆。在西域三十六国中，有大乘和小乘佛教寺院，大量佛教经典和大量文物，这是西域之辉煌年代。

王树枏著《新疆访古录》，记述了大量新疆历史古迹。诸如：《汉张博望侯残碑》《汉李陵题字》《汉裴岑纪功碑》《焕彩沟汉碑》《汉乌垒磨崖石刻》《碑岭汉碑》《喀什噶尔山洞石壁古画》《六朝草书残经》《前凉西域长史李栢书》《北魏金刚经残碑》《北凉且渠安周造寺功德刻石》《北凉写经残卷》《北凉佛说菩萨藏经残卷》《麴氏所抄三国志韦曜华覈残传》《梁萧伟写摩诃般若波罗蜜经》《梁大同元年金刚般若波罗蜜经残卷》《唐姜行本碑》《唐上元二年买马私契》《唐仪凤二年北馆厨牒》《唐张怀寂墓志铭》《唐武后时写经残卷》《唐久视元年弥勒上生经残卷》《唐造像碣》《唐两截碑》《唐天宝解粮残状》《丁古山石刻》《沙门题名》《龙堂石刻》《龙兴石刻》《瀚海军唐碑》《轮台唐碑》《唐金满县残碑》《唐回铜器文》《畏吾儿残字》《元中统元宝交钞》《元千户残牒》《元造像碣》《回玉圭文》《古钱》《玛瑙镂字》《石璞番字》《沙雅废城铜砖》《铜印》《朱书古砖墓志》等。

王树枏曾谈到："新疆地处中国西偏……自开辟以来，文献寥寥，无可征信。"换言之，西域缺少自身的历史记载，只能去寻找被埋没的文明遗物，这是王树枏著《新疆访古录》之因。

如对《畏吾儿残字》的考证，王树枏以两千四百余字记述，以记蒙古之史以及地理的变迁。附带一个小证是"蒙古字出于畏吾儿，而满文又出于蒙古文"。

又如《前凉西域长史李柏书》，是考证前凉历史的重要文物。前凉，公元三百二十年至三百七十六年，立国五十七年，共七任君，六王一帝，建都在甘肃武威，和新疆有密切关系。王树枏记云："光绪二十四年，日本橘瑞超在罗布淖尔东北五百余里破城中掘得古物甚多，内有前凉西域长史李柏书数纸，一纸尚为完整，凡九行。第一行：五月七日驻西域长史关（下缺）；第二行：侯李柏顿首别来；第三行：恒不去心今奉台使来西月；第四行：二日到海头比未知王消息想国中；第五行：平安王使迴复罗从北虏；第六行：中与严参军往想是到也；第七行：今遣使符大往相闻通；第八行：知消息书不尽意李柏顿；第九行：首……"

在现时代，随着对西域探险史研究的日渐深入，有关《李柏文书》的研究也成为热点，王树枏是关注此文书的早期学者。《李柏文书》是进驻楼兰的前凉王国西域长史李柏将军写给焉耆王的两页书信草稿，告知二日到达海头，署款日期是五月七日。作为学者的王树枏，研究当时历史人物张骏与赵贞的关系，解开文书内容之谜。并指出"海头即蒲昌海，今之罗布淖尔也"。

古代新疆，不是现代人理解的未被开垦的荒凉之地，而是众多历史人物熙来攘往的历史舞台。这就留下一个问号，曾经繁荣的新疆为何落败？这也是王树枏写《新疆访古录》一个潜在的话题。《李栢文书》中叫作海头的地方，成为争论的焦点。王树枏认为海头即是罗布淖尔，一家之言也。

王树枏对《唐仪凤二年北馆厨牒》的考证，显示出他对古代新疆社会有极细微的考察。龟兹古乐已失传，但在汉唐之世，西域龟兹是乐国，也是我们读到古新疆社会生活安定及高度文明的一面。北馆厨牒是龟兹都督府之厨房所需柴、米、油、酱等诸物及诸主厨用物事之谱牒。王树枏记云："所供物件，皆具诸主姓名、官属、手押。井井有条，可以考见当时之制。"此考证为古新疆难得的社会史料。

王树枏考证《唐姜行本碑》，是由碑文作史的考证，约三千字。而《汉李陵题字》仅是一种资料记载，约七十字，全文录之于下："宋王延德使《高昌行记》云：'自夏州历楼于山，都督山，唐回鹘之地。又经鬃山望乡岭，岭上石龛有李陵题字处。'案其地当在哈密城东，铁尔版金庄一棵树附近之地。《一统志》云：'石刻今不复见。'"

实际上李陵题字石刻今不复见并非主要之事。古今地名之变，唐代古回鹘仍存在。宋距唐不远，王树枏据宋人记述，考证石刻当在铁尔版金庄一棵树附近之地。由此而上，可以追寻到唐回鹘地理位置。此条目所记述不在李陵，而在回鹘。

关于《唐天宝解粮残状》，王树枏所记是山峡、佛洞、佛事："……出库车汉城北门，至力赖提巴克庄，西北行五六里……由山峡蜿蜒而入，望见西山上高墩。循西峡而进，约三四里，山峡东西对峙，山腰凿佛洞，大小高低浅深不等，密如蜂房。……过此洞二丈余，北向有洞……疑系僧房，掘得佛经二纸，系印度阿利安人书……"

前引《汉李陵题字》条目，王树枏确定回鹘地理位置。盖佛教东传，西域回鹘人将梵文和汉文佛教经典译成回鹘文，使佛教经典、佛教文物得以较完整保存。后世的探险者都想发掘回鹘文写经。而王树枏为学与为政，足迹踏遍新疆，也有自己的探险经历。《唐天宝解粮残状》所记，是王树枏亲历的一次探险，共三十八洞，均系汉唐遗物，为梵文和汉文。

概括言之，《新疆访古录》记述了古代新疆佛教经典和佛教文化；记述了古代新疆是汉唐时代的历史舞台，构成历史的生动局面；记述了古代新疆繁荣的历史生活画面。

《新疆访古录》各条目是离散结构。各条目似如挂在帝释天宫之因陀罗网，网之结皆附宝珠，每一宝珠皆映现其他一切宝珠，一切宝珠皆映现此一宝珠，交错互映，五光十色，不可名状。而后来新疆历史的发展，天竺文物渐灭殆尽，古西域龟兹乐不见踪迹，这一切颇难下断语。这种衰落过程源于何代？这是王树枏疑而未答的问题。

三　王树枏先生简略年谱

　　一八五一年，十一月廿五日卯时，王树枏出生于直隶新城县邓家庄村。祖父会元公王振纲为其赐名树枏，字晋卿，取楚材晋用之义。是年，洪秀全发动太平天国起义。

　　一八五二年，太平军攻陷武昌。

　　一八五三年，太平军攻陷金陵。朝廷命曾国藩办团练。

　　一八五四年，广东天地会首领陈开在佛山发动起义。

　　一八五五年，王树枏之父王铨举顺天乡试。

　　一八五六年，王铨会试不第。五月，太平军攻陷江南大营。

　　一八五七年，王树枏入家塾，从同里邓云亭先生读书。三月十六日丑时，王树枏大妹生。

　　一八五八年，王树枏始学为诗。

　　一八五九年，王树枏学为八韵诗。十一月廿九日，三弟树梓生。

一八六〇年，王树枏学为赋。英法联军进北京，咸丰皇帝逊热河。朝廷诏进曾国藩兵部尚书，授两江总督。

一八六一年，王铨主讲安肃凤山书院，王树枏与四叔王钰、五叔王锷随往。是年，王树枏伯父王鉴考取选拔贡生。七月十七日，咸丰皇帝崩，两宫皇太后临朝听政，改明年为同治元年。

一八六二年，王树枏在凤山书院。四弟树椿生。

一八六三年，王树枏在凤山书院。

一八六四年，王铨辞凤山书院讲席，携王树枏及王钰、王锷回新城邓家庄。

一八六五年，王树枏随伯父王鉴在家读书，《诗》《书》《易》《礼》《左传》《国语》均读毕，学为骈体文。

一八六六年，王树枏县试第六名，府试第一名，院士以第十一名入学。九月，朝廷特授左宗棠陕甘总督，西征。十一月特授李鸿章为钦差大臣，专办剿捻事宜。

一八六七年，王树枏岁考取第三名，补廪膳生。是年王树枏二妹生。十一月十七日，四川总督骆秉璋卒。

一八六八年，正月，王树枏成婚，原配刘夫人为雄县张家庄人，其父刘汝梅亦是会元公王振纲门生。七月，诏李鸿章以湖广总督协办大学士。

一八六九年，王树枏科考取第一名，补举优生，阖府属同试者五人，文仍置第一。四月，王树枏同五叔一起谒曾国藩。

一八七〇年，七月，王树枏入都学院，牌示考优诸生报名定期考试，文置第一，正场直隶额取六名，名列第三。是秋乡试荐而未售。

一八七一年，夏，王树枏入都朝考，列三等第一名，以教职注册。十月初九日，长子政敷出生。

一八七二年，王树枏在家读诗经，考释四家异同，注于简端。五弟树棠生。二月四日，曾国藩卒于两江总督任所。

一八七三年，王树枏曾祖母杜太宜人卒，享寿九十有六。王树枏乡试荐而未售，次男双琴生。王树枏五叔王锷考取拔贡生。是年，朝廷诏左宗棠以陕甘总督协办大学士，统筹出关西征诸军事。

一八七四年，正月十六日，王树枏祖母田太夫人卒。王树枏受聘到畿辅通志局任分纂，与五叔一起受业于黄彭年门下。十二月同治帝崩，两宫皇太后垂帘听政，明年改元光绪。

一八七五年，在志局。是岁恩科乡试不第。长女佩箴生。二月，朝廷命左宗棠以钦差大臣陕甘总督办新疆军务。

一八七六年，在志局。乡试中试第十一名。次男双琴殇，次女生而即殇。姑母凤生。

一八七七年，正月廿九日，王树枏父亲王铨去世，享寿四十七岁。十月初八日，王树枏祖父王振纲殁于保定莲池书院，享寿七十一岁。

一八七八年，王树枏季春回志局。是年成《校正孔氏大戴礼补注》十三卷。长女佩箴殇。

一八七九年，在志局，辑《畿辅方言》二卷，成《中庸郑朱异同说》一卷，受王灏之邀汇刊《畿辅丛书》。

一八八〇年，在志局，会试不第，著《尔雅郭注异同考》一卷，《建炎前议》一卷。是年曾国荃聘王树枏入幕，黄彭年代为婉辞，改荐劳玉初偕往。

一八八一年，在志局。四月廿九日，三女秀生。是岁成《墨子三家校注补正》三卷。

一八八二年，吴汝纶知冀州，聘王树枏主讲冀州信都书院。著《夏小正订经》一卷，《夏小正订传》四卷。是年建设新疆行省。

一八八三年，会试不第，著《尚书商谊》三卷。十二月廿三日，王树枏原配夫人刘氏病逝，年三十二。是年黄彭年辞莲池赴湖北襄阳道，王树枏与吴汝纶共荐张裕钊主讲莲池书院。

一八八四年，五月廿一日王树枏四弟树椿卒，年二十三。十二月，王树枏娶杨夫人，乃乐陵知县清河杨一鹤第二女。是年七月，左宗棠卒于福州，年七十三。

一八八五年，王树枏携杨夫人及弟树棠、儿政敷居冀州。秋，王树枏患肠痈，自医而痊愈。是年秋，王树枏五叔王锷乡试中举。

一八八六年，王树枏会试中五十四名，殿试三甲四十八名，朝考二等，钦点主事分户部广西司。冬初，改任知县。

一八八七年，部选四川青神知县。八月领凭赴川，乘船至天津，谒李鸿章。过西安拜见恩师黄彭年。十一月到达成都，谒见刘秉璋。十二月启程，过眉州谒见毛隆恩，初八日到青神接印。

一八八八年，春，重修鸿化堰。七月，调取戊子科乡试帘差，交卸进省派充房官。十月十三日檄回青神本任。是年三月二十二日，次男禹敷生，小名青生。四月十二日，王树枏四叔王钰卒，享寿四十六岁。

一八八九年，六月十五日，政敷长女存出生。九月九日，眉州知州毛隆恩卒于任所，王树枏兼理州篆三个月。是年成《广雅补疏》四卷、《尔雅郭注佚存补订》二十卷。

一八九〇年，在青神建止园。三月廿五日兼理彭山知县半年。十二月初十日，檄调署理资阳知县。成《费氏古易订文》十二卷、《离骚注》一卷。是年，王树枏恩师黄彭年卒。

一八九一年，正月初二赴资阳任。正月初四日，三儿勇敷出生，小名资生。杨夫人受风寒大病，廿四日去世，享年三十八岁。三月初十日，王树枏长兄树枌卒，享年四十三岁。是年成《天元草》五卷，《十月之交日食细草》二卷。仲冬，纳井研帅氏。

一八九二年，在资阳，建章园。正月十九日王树枏大妹卒，年三十六。四月杨夫人妹来归，九月纳刘氏。

十月帅氏产一女殇。十二月十八日，大计荐卓异。

一八九三年，三月初八日奉檄调署新津县。十二月廿八日调委富顺知县。

一八九四年，正月十六日到富顺接印视事。三月初一日，刘秉璋上奏，王树枏与与铜梁知县对调，部准。六月，以钦案调省，被冤告革职。十月初十日，刘氏生一子，小名富官。是年日本侵占朝鲜，中日甲午海战北洋水师战败。十二月，张之洞署理两江总督，电邀王树枏入两江幕府。

一八九五年，四月王树枏携家眷赴金陵，六月中旬入两江幕府。七月十日，帅氏生一子，小名奎生。十月，张之洞派王树枏押运军火赴甘肃，十二月至金紫关度岁。是年四月，中日签订马关条约。

一八九六年，三月入陕甘总督陶模幕府，十月开复原官留甘肃省补用。撰《彼得兴俄记》一卷、《欧洲族类源流略》五卷。五月廿七日，王树枏五叔王锷卒，享寿四十九岁。是年二月初八日奎生殇，六月十九日富官殇。

一八九七年，正月王树枏以直隶州知州补用，五月赴京引见，顺道回籍省母，过开封小住，十一月携家眷赴甘肃。十一月，三女秀患口疗亡，年十七岁。

一八九八年，正月初八日到甘，仍居幕府。十二月署理中卫知县。撰《蛰叟》七篇。三月初七日，帅氏生女名寿芝。五月接家书，王树枏二妹患唇疗而亡，享年三十二岁。闰三月十七日，王树枏三叔王锡去世，享寿六十五岁。是年，戊戌变法以失败告终。

一八九九年，订重修七星渠章程。七月初六日，刘氏生女，取名琳。九月初二日，补中卫知县。

一九〇〇年，修七星渠。八月十六日，王树枏母亲到中卫避乱。同日，刘氏生一子，取名卫官。是年八国联军入北京，两宫西逃长安避难。

一九〇一年，王树枏在七星渠红柳沟旁筑室三间居住，九月红柳沟暗洞成。成《欧洲战事本末》二十二卷。是年签《辛丑条约》。九月廿七日，李鸿章卒于京师。是岁王树枏大计卓异。

一九〇二年，七星渠全渠修成。八月九日，刘氏生一女（五女）。十二月成《希腊学案》四卷。是年六月，两广总督陶模卒。

一九〇三年，王树枏三月交卸请咨赴引陛见，后以道元仍发甘肃补用，不复应特科之事。六月出都回籍省母，迁道河南新政政敷处，住数日，八月到甘，九月赴陕西兴安察钦案，十二月回省，补为平庆泾固道道员。是年四月初八日，卫官殇。七月廿八日，伯父王鉴卒，享寿七十六岁。正月十二日，王树枏师友桐城吴汝纶卒，享年六十四岁。

一九〇四年，二月初十日至秦州接印，署理巩秦阶道。四月二十七日交卸到省，赴平庆泾固道本任。是年四月廿三日，刘氏生一子，名敬敷。

一九〇五年，七月廿一日到兰州接印，署理兰州道，推行改厘为税、大布统捐之法。是岁成《希腊春秋》八卷。十二月廿日，王树枏长孙善元出生，乃禹敷长子。

一九〇六年，二月创蒙盐官局于中卫、一条山两处。四月，王树枏简授新疆布政使，行九十余日到迪化，九月初一日接印视事。是年三月廿三日，刘氏生一女（六女）。

一九〇七年，创修《新疆图志》，重定南疆粮草章程。八月七日，帅氏生子，值太夫人七十九，因名七十九。十二月十一日，二孙女金生生，乃禹敷长女。

一九〇八年，发行纸币一百万两。王树枏被学部、宪政编查馆聘为咨议官，被礼制馆聘为高等顾问。三月初七日，刘氏生一子，因太夫人年八十，故命名八十。四月初六日，五女殇。是年十一月，光绪帝、慈禧太后去世，明年改元宣统。

一九〇九年，在新疆创设邮政，开办学堂，筹划建设铁路等事。是年王树枏长子政敷署理西华知县。闰二月廿九日，儿七十九殇。八月廿一日，张之洞卒，享年七十三岁。

一九一〇年，正月初五日，长子政敷殁于开封，年甫四十。是年成《新疆图志》，办石油开采提炼等事。七月，迪化城发生纵火案。巡抚联奎被免，王树枏开缺。

一九一一年，袁大化任新疆巡抚，挽留王树枏，婉拒。由俄国西伯利亚铁路回京。八月至山西介休，在迎源堡买宅隐居。十二月至开封亲移眷口至堡。是月纳何氏，氏扶沟人，十岁来王家，杨夫人抚之成立，年二十。是年辛亥革命爆发。

一九一二年，正月元旦，袁世凯派员招王树枬到京，命为宣慰使往陕西劝升允罢兵，力辞之。三月，杨增新派员护送王树枬家眷从新疆回内地，行八千余里，历半年之久，抵达介休迎源堡。是岁成《武汉战记》一卷。九月召开国会，袁世凯被选为中华民国第一任大总统。

一九一三年，正月十七日，何氏生一女（七女），太夫人命之曰长女。王树枬居家奉母，时来往于京师、开封、介休三处。

一九一四年，八月设清史馆，馆长赵尔巽聘王树枬为总纂。徐世昌为国务卿，聘王树枬纂修《大清畿辅先哲传》。是年，王树枬五弟树棠殁于西安。十一月十三日，何氏生一子，取名心敷。

一九一五年，在史馆。三月廿四日，王树枬第二孙嘉亨出生，乃禹敷次子。是年袁世凯称帝，蔡锷微服出京，南方各省相继独立。

一九一六年，在史馆。成《大清畿辅先哲传》四十卷，《畿辅列女传》六卷，《大清畿辅书徵》四十一卷。二月十九日撤销帝号，废洪宪年号。五月六日袁世凯去世。

一九一七年，在史馆，国务院聘王树枬为顾问。二月十七日，中国对德宣战。五月张勋复辟，败退。冯国璋代理大总统，段祺瑞任国务院总理。

一九一八年，在史馆。成《学记笺证》四卷。七月廿七日，国会选举徐世昌为大总统，九月六日就职。

一九一九年，在史馆。王树枏被聘为总统府顾问，代徐世昌撰写《将吏法言》八卷。是年发生五四运动。徐树铮收回库伦充西北边防总司令。十二月十二日王树枏第三孙公麒，十三日第四孙公麟孪生，乃勇敷之子。

一九二〇年，在史馆，徐世昌开晚晴簃诗社召集王树枏等诸遗老选录清诗。成《说文建首释义》四卷、《周易释贞》二卷。十月廿四日，帅氏去世，享年四十七岁。

一九二一年，在史馆纂成咸同两朝列传。于西直门北草场胡同购房屋一区，何氏置也。成《冀典》二十卷、《法源寺志》八卷。三月初三日，王树枏第五孙成达生，乃敬敷长子。是年，王树枏好友劳玉初卒，门人李滋然卒。

一九二二年，二月初十日，太夫人（王树枏母亲）去世，享寿九十四岁。六月初六日，王树枏三子勇敷殁于开封，享年三十二岁。九月初三日，王树枏次女寿芝殁于定兴，年仅二十五岁。十二月廿三日，王树枏第六孙念祖生，乃敬敷次子。

一九二三年，在史馆。二月廿六日，王树枏将母亲与先父合葬，桐城马其昶为其撰墓志铭。十二月曹锟为大总统，聘王树枏为高等顾问，置之不理。是年成《属国列传》四卷。

一九二四年，在史馆。正月，念祖殇。夏，王树枏好友桐城姚永概卒。

一九二五年，在史馆撰《食货志》。段祺瑞聘王树枏为顾问，并与柯劭忞等十人为东方文化事业委员会委员。十一月十五日，王树枏好友徐树铮在廊坊遇刺身亡，年仅四十六岁。

一九二六年，在史馆，纂成清史《地理志》。十月，航海赴日本开文化会。是年八月十九日，王树枏同年好友秦树声卒于京师，王树枏撰墓志铭。

一九二七年，在国史馆成《度量衡表》，在清史馆成《逸民传》《叛逆传》。八月八日，清史馆馆长赵尔巽卒。

一九二八年，王树枏应张学良之聘，任奉天萃升书院山长。是年七月七日，好友杨增新殁于新疆省长兼督军任所。王树枏为其撰写了《家传》《神道碑》和《墓志铭》。十月九日，好友成多禄卒，王树枏为其撰墓志铭。

一九二九年，力辞东方文化事业委员会职务。在书院为诸生讲授《周易》。十二月三日，王树枏好友桐城马其昶卒，王树枏为其撰墓志铭。

一九三〇年，在书院讲授《左氏春秋经传》。八月，王树枏肠溃大病，九死一生，甫愈又跌伤右腿，回北平医治，闭门著述。六月三日，好友黄维翰卒，王树枏为其撰墓志铭。六月六日，王树枏老友王士珍卒。

一九三一年，辞奉天书院山长，居北平注《左氏春秋经传》。八月廿七日，王树枏曾孙女琴姝出生，乃善元之女。十二月，王树枏同年好友宋育仁卒于四川通志局。

　　一九三二年，居北平，注《左氏春秋经传》。六月八日，王树枏孙女娟娟出生，乃心敷之女。五月二日，好友四川井研廖平卒，王树枏为其撰墓表。七月七日，好友米脂高增爵卒，王树枏为其撰墓志铭。

　　一九三三年，二月撰成《左氏春秋经传》，《经》三十卷，《传》一百二十卷。二月廿二日，河北省政府聘王树枏总纂《河北通志》。同年，王树枏重修《新城县志》。正月十一日，王树枏之孙德源出生，乃海敷之子。九月廿二日，王树枏之孙丙炎出生，乃心敷之子。

　　一九三四年，居北平。

　　一九三五年，著《焦易说诗》四卷。成《新城县志》。

　　一九三六年，正月十五日，王树枏在北平家中去世，享年八十六岁，葬于北平西郊红山口龙背村。

四 王树枏先生主要著述名录

《校正孔氏大戴礼记补注》十三卷

《畿辅方言》二卷

《中庸郑朱异同说》一卷

《尔雅郭注异同考》一卷

《建炎前议》一卷

《墨子三家校注补正》二卷

《夏小正订经》一卷

《夏小正订传》四卷

《尚书商谊》三卷

《赵闲闲诗集目录年谱》十四卷

《广雅补疏》四卷

《尔雅郭佚存补订》二十卷

《费氏古易订文》十二卷

《离骚注》一卷

《天元草》五卷

《彼得兴俄记》一卷

《欧洲族类源流略》五卷

《蛰叟》七篇

《欧洲战事本末》二十二卷

《希腊学案》四卷

《希腊春秋》八卷

《新疆图志》一百六十卷

《武汉战记》一卷

《大清畿辅先哲传》四十卷

《畿辅烈女传》六卷

《大清畿辅书征》四十一卷

《学记笺证》四卷

《将吏法言》八卷

《说文建首字义》五卷

《周易释贞》一卷

《咸同两朝列传》

《冀县志》二十卷

《法源寺志》八卷

《属国列传》四卷

《食货志》六卷

《清史地理志》二十七卷

《度量衡表》

《逸民传》

《叛逆传》

《左氏春秋经传义疏》一百五十卷

《新城县志》二十四卷

《焦易说诗》四卷

《文莫室诗集》八卷

《陶庐诗续集》十二卷

《陶庐文集》二十卷

《陶庐笺牍》四卷

《陶庐外篇》一卷

《陶庐骈文》一卷

《尔雅订经》二十五卷

《尔雅说诗》二十二卷

《庄子大同注》二十二卷

《陶庐文内集》三卷

《三食神仙斋杂记》十五卷

《清语林》四十卷

《陶庐百篇》四卷

《陶庐随笔》《诗话》若干卷

五　主要参考书目

《陶庐老人随年录》，王树枏撰，中华书局出版。

《陶庐文集》二十卷，王树枏撰，陶庐丛刻十六。

《陶庐笺牍》四卷，王树枏撰，陶庐丛刻十五。

《陶庐外篇》一卷，王树枏撰，陶庐丛刻十七。

《陶庐百篇》四卷，王树枏撰，吉林成氏十三古槐馆刊印。

《故旧文存》，王树枏撰，陶庐丛刻三十三。

《宣统新疆图志》，王树枏总纂。

《新疆国界图志》八卷，王树枏撰。

《王树楠史学研究》，刘芹著，天津人民出版社。

《近代名家评传》，王森然著，生活·读书·新知三联书店出版。

《文莫室诗集》八卷，陶庐丛刻十九。

《陶庐诗续集》十二卷，陶庐丛刻二十。

《王树楠诗集》，于广杰、柴汝新点校，北京燕山出版社。

《徐世昌日记》，北京出版社。

《陶模行述长编》，杜宏春编著，黄山书社出版。

《细说刘秉璋家族》，宋路霞著，上海辞书出版社。

《清史稿》（全十二册），中华书局出版。

《廖季平先生年谱长编》，中华书局出版。

《张之洞幕府》，黎仁凯等著，中国广播电视出版社。

《清末四公子》，高阳著，河南文艺出版社。

《曾国藩全书》（全六卷），吉林摄影出版社。

《石城山人文集》，涂凤书著，清华大学出版社。

《莲池书院研究》，柴汝新主编，河北大学出版社。

《莲池书院志略》，陈美健、柴汝新著，中国文史出版社。

《白话明史·清史》，云南人民出版社。

《刘秉璋年谱》，刘园生编著，上海古籍出版社。

《陈旧人物》，叶兆言著，译林出版社。

《袁世凯全传》，徐忱著，中国文史出版社。

《旧京人物与风情》，北京燕山出版社。

《古都艺海撷英》，北京燕山出版社。

《京都胜迹》，胡玉远主编，北京燕山出版社。

《京华古迹寻踪》，北京燕山出版社。

《新城县志》二十四卷，王树枏总纂。

《民国新城县新志》。

《高碑店市志》，新华出版社。

《张之洞》，唐浩明著，广东人民出版社。

《王晋卿先生传略》，《文献》一九九八年第二期。

《故新疆布政使王公行状》，尚秉和著。

《新城王先生传》，方宗诚。

《新疆图志》，上海古籍出版社。

《高碑店名人》，中国文联出版社。

《近代稗海》第十二集，四川人民出版社。

《河北地方志》，一九八八年第一期。

《辛卯侍行记》，甘肃人民出版社。

《保定历史名人传略》，方志出版社。

《现代中国文学史》，中国人民大学出版社。

《新疆石油史话》，石油工业出版社。

《河北地方志提要》，天津大学出版社。

《中国近三百年学术史》，梁启超著，东方出版社。

《吴汝纶全集》，黄山出版社。

《奉天通志》，东北文史丛书编辑委员会出版。

《民国轶事》，泰山出版社。

《燕赵历史文献研究》，中华书局。

《历代燕赵词全编》，于广杰编著，中国社会科学出版社。

《斯文的困惑与转型·莲池学派及其文艺思想研究》，于广杰著，河北大学出版社。

后　记

　　笔耕数载，六易其稿，《王树枏传》书稿即将付梓。掩卷静思，五味杂陈。回顾几年来的写作历程，有感动，有欣慰，有忐忑，有彷徨，有惊喜，有遗憾，凡此种种，已随夏日微风而逝。此时此刻，充盈内心的是一种深深的感激之情。

　　在本书的创作过程中，王树枏先生的家人、族人给予笔者很多鼓励，并提供了大量第一手资料。王树枏之孙王居易先生及夫人刘剑侠女士，虽已年逾八旬，但仍关注本书的创作情况并亲自阅稿；王树枏先生曾孙女王潇楠女士、沐兰女士以及外曾孙女王越女士，为本书提供了相关画像、照片、文章、书法等宝贵资料，使本书内容更加丰富、充实，在此真诚地向各位表示感谢！特别要说明的是，王树枏先生之孙王居恭先生虽然已经过世，但他生前撰写的文稿，史料丰富，感情真挚，文笔洗练，有很强的可读性。经王居恭先生之女沐兰女士同意，本书收录了王居恭先生一篇文章，以此寄托后人对王树枏先生的怀念之情。另，王树枏先生的故乡，河北省高碑店市邓庄村的王氏族人，也一直关注、支持本书的创作并给予了很多帮助，在此一并表示感谢。

本书创作伊始，保定莲池书院博物馆柴汝新馆长就曾提供了许多参考资料，成稿后又亲自阅稿并在百忙之中为本书作序；河北大学于广杰教授、山东理工大学刘芹教授、唐山师范学院石向骞教授也为作者提供了许多宝贵资料，并就书稿提出了很好的意见和建议。在此，向柴馆长和三位教授致以诚挚的谢意。

在本书写作过程中，我的工作单位高碑店市政协各位领导同志给予了大力支持。与此同时，市委、市政府及职能部门的有关领导也给予了很多关心与鼓励。督亢文化研究会名誉会长张润兴先生、紫泉书院文化研究院院长李宏远先生等诸多文化研究爱好者一直关注本书创作，并给予了多方面的支持和鼓励。在此向各级领导和众多文化研究爱好者表示衷心感谢。

《王树枏传》第一稿是以有声书连播的形式在网络上刊载的。高碑店市作家协会主席高博艺先生，用他那充满磁性的声音鼓励我坚持创作，以一集一集的形式写完初稿。成稿后，高博艺先生又为本书的装帧设计付出很多心血。河北省作家协会会员程慧敏、周顺全以及市书法家协会主席张新艳等文学艺术界朋友，从专业角度给予了很多指导和帮助，在此深表感谢与敬意。

同时，还要特别感谢几位素未谋面的朋友，分别是：四川青神县政协的肖邡先生，宁夏七星渠管理处的王治涛先生，山西介休市政协的郝继文先生，江苏南京的张震先生，河北冀州的李保生先生。这几位热心朋友无私地为本书提供了部分照片及相关资料，在此深表谢意。

《王树枏传》即将刊印，于我而言固然是一件欣慰之事，但欣慰之余却也有些许遗憾。本书力求较为全面地记述王树枏读书、为政、修志、著述等事，但文字大都比较简练，有些地方甚至是点到而止，缺乏更多详尽描述，这源于本人写作习惯和驾驭文字能力之不足。王树枏一生在经学和史学方面成就卓著，这从国内以及美国、日本、欧洲等许多著名图书馆收藏的大量王树枏著述可以得到印证。遗憾的是，由于我才疏学薄，对经学、史学缺乏足够研究，难以在书中将其充分表述和展示出来，这也是本书的遗憾之处。日后，我将在这方面多加学习研究，力争有所收获。同时真切希望国内外专家学者有更多相关研究成果问世，使优秀的中国传统文化得以进一步传承和发展。

著 者

写于二〇二二年仲夏